T&P BOOKS

I0176460

SERVISCH

WOORDENSCHAT

THEMATISCHE WOORDENLIJST

NEDERLANDS
SERVISCH

De meest bruikbare woorden
Om uw woordenschat uit te breiden en
uw taalvaardigheid aan te scherpen

3000 woorden

Thematische woordenschat Nederlands-Servisch - 3000 woorden

Door Andrey Taranov

Woordenlijsten van T&P Books zijn bedoeld om u woorden van een vreemde taal te helpen leren, onthouden, en bestudering. Dit woordenboek is ingedeeld in thema's en behandelt alle belangrijk terreinen van het dagelijkse leven, bedrijven, wetenschap, cultuur, etc.

Het proces van het leren van woorden met behulp van de op thema's gebaseerde aanpak van T&P Books biedt u de volgende voordelen:

- Correct gegroepeerde informatie is bepalend voor succes bij opeenvolgende stadia van het leren van woorden
- De beschikbaarheid van woorden die van dezelfde stam zijn maakt het mogelijk om woordgroepen te onthouden (in plaats van losse woorden)
- Kleine groepen van woorden faciliteren het proces van het aanmaken van associatieve verbindingen, die nodig zijn bij het consolideren van de woordenschat
- Het niveau van talenkennis kan worden ingeschat door het aantal geleerde woorden

Copyright © 2020 T&P Books Publishing

Alle rechten voorbehouden. Niets uit deze uitgave mag worden verveelvoudigd, opgeslagen in een geautomatiseerd gegevensbestand en/of openbaar gemaakt in enige vorm of op enige wijze, hetzij elektronisch, mechanisch, door fotokopieën, opnamen of op enige andere manier zonder voorafgaande schriftelijke toestemming van de uitgever. U mag dit boek niet verspreiden in welk formaat dan ook.

T&P Books Publishing
www.tpbooks.com

ISBN: 978-1-78492-391-4

Dit boek is ook beschikbaar in e-boek formaat.
Gelieve www.tpbooks.com te bezoeken of de belangrijkste online boekwinkels.

SERVISCHE WOORDENSCHAT
nieuwe woorden leren

T&P Books woordenlijsten zijn bedoeld om u te helpen vreemde woorden te leren, te onthouden, en te bestuderen. De woordenschat bevat meer dan 3000 veel gebruikte woorden die thematisch geordend zijn.

- De woordenlijst bevat de meest gebruikte woorden
- Aanbevolen als aanvulling bij welke taalcursus dan ook
- Voldoet aan de behoeften van de beginnende en gevorderde student in vreemde talen
- Geschikt voor dagelijks gebruik, bestudering en zelftestactiviteiten
- Maakt het mogelijk om uw woordenschat te evalueren

Bijzondere kenmerken van de woordenschat

- De woorden zijn gerangschikt naar hun betekenis, niet volgens alfabet
- De woorden worden weergegeven in drie kolommen om bestudering en zelftesten te vergemakkelijken
- Woorden in groepen worden verdeeld in kleine blokken om het leerproces te vergemakkelijken
- De woordenschat biedt een handige en eenvoudige beschrijving van elk buitenlands woord

De woordenschat bevat 101 onderwerpen zoals:

Basisconcepten, getallen, kleuren, maanden, seizoenen, meeteenheden, kleding en accessoires, eten & voeding, restaurant, familieleden, verwanten, karakter, gevoelens, emoties, ziekten, stad, dorp, bezienswaardigheden, winkelen, geld, huis, thuis, kantoor, werken op kantoor, import & export, marketing, werk zoeken, sport, onderwijs, computer, internet, gereedschap, natuur, landen, nationaliteiten en meer ...

INHOUDSOPGAVE

UITSPRAAKGIDS

Letter	Servisch voorbeeld	T&P fonetisch alfabet	Nederlands voorbeeld

Klinkers

Letter	Servisch voorbeeld	T&P fonetisch alfabet	Nederlands voorbeeld
А а	авлија	[a]	acht
Е е	ексер	[e]	delen, spreken
И и	излаз	[i]	bidden, tint
О о	очи	[o]	overeenkomst
У у	ученик	[u]	hoed, doe

Medeklinkers

Letter	Servisch voorbeeld	T&P fonetisch alfabet	Nederlands voorbeeld
Б б	брег	[b]	hebben
В в	вода	[ʋ]	als in Noord-Nederlands - water
Г г	глава	[g]	goal, tango
Д д	дим	[d]	Dank u, honderd
Ђ ђ	ђак	[ʤ]	jeans, bougie
Ж ж	жица	[ʒ]	journalist, rouge
З з	зец	[z]	zeven, zesde
Ј ј	мој	[j]	New York, januari
К к	киша	[k]	kennen, kleur
Л л	лептир	[l]	delen, luchter
Љ љ	љиљан	[ʎ]	biljet, morille
М м	мајка	[m]	morgen, etmaal
Н н	нос	[n]	nemen, zonder
Њ њ	књига	[ɲ]	cognac, nieuw
П п	праг	[p]	parallel, koper
Р р	рука	[r]	roepen, breken
С с	слово	[s]	spreken, kosten
Т т	тело	[t]	tomaat, taart
Ћ ћ	ћуран	[tɕ]	ongeveer 'tjie'
Ф ф	фењер	[f]	feestdag, informeren
Х х	хлеб	[h]	het, herhalen
Ц ц	цео	[ts]	niets, plaats
Ч ч	чизме	[ʧ]	Tsjechië, cello
Џ џ	џбун	[ʤ]	jeans, jungle
Ш ш	шах	[ʃ]	shampoo, machine

AFKORTINGEN
gebruikt in de woordenschat

Nederlandse afkortingen

abn	-	als bijvoeglijk naamwoord
bijv.	-	bijvoorbeeld
bn	-	bijvoeglijk naamwoord
bw	-	bijwoord
enk.	-	enkelvoud
enz.	-	enzovoort
form.	-	formele taal
inform.	-	informele taal
mann.	-	mannelijk
mil.	-	militair
mv.	-	meervoud
on.ww.	-	onovergankelijk werkwoord
ontelb.	-	ontelbaar
ov.	-	over
ov.ww.	-	overgankelijk werkwoord
telb.	-	telbaar
vn	-	voornaamwoord
vrouw.	-	vrouwelijk
vw	-	voegwoord
vz	-	voorzetsel
wisk.	-	wiskunde
ww	-	werkwoord

Nederlandse artikelen

de	-	gemeenschappelijk geslacht
de/het	-	gemeenschappelijk geslacht, onzijdig
het	-	onzijdig

Servische afkortingen

ж	-	vrouwelijk zelfstandig naamwoord
ж мн	-	vrouwelijk meervoud
м	-	mannelijk zelfstandig naamwoord
м мн	-	mannelijk meervoud
м, ж	-	mannelijk, vrouwelijk

мн	-	meervoud
нг	-	onovergankelijk werkwoord
нг, пг	-	onovergankelijk, overgankelijk werkwoord
пг	-	overgankelijk werkwoord
с	-	onzijdig
с мн	-	onzijdig meervoud

BASISBEGRIPPEN

1. Voornaamwoorden

ik	ja	ja
jij, je	ти	ti
hij	он	on
zij, ze	она	óna
het	оно	óno
wij, we	ми	mi
jullie	ви	vi
zij, ze (mann.)	они	óni
zij, ze (vrouw.)	оне	óne

2. Begroetingen. Begroetingen

Hallo! Dag!	Здраво!	Zdrávo!
Hallo!	Добар дан!	Dóbar dan!
Goedemorgen!	Добро јутро!	Dóbro jútro!
Goedemiddag!	Добар дан!	Dóbar dan!
Goedenavond!	Добро вече!	Dóbro véče!
gedag zeggen (groeten)	поздрављати (nг)	pózdravljati
Hoi!	Здраво!	Zdrávo!
groeten (het)	поздрав (м)	pózdrav
verwelkomen (ww)	поздрављати (nг)	pózdravljati
Hoe gaat het met u?	Како сте?	Káko ste?
Hoe is het?	Како си?	Káko si?
Is er nog nieuws?	Шта је ново?	Šta je nóvo?
Tot ziens! (form.)	Довиђења!	Doviđénja!
Doei!	Здраво!	Zdrávo!
Tot snel! Tot ziens!	Видимо се ускоро!	Vídimo se úskoro!
Vaarwel!	Збогом!	Zbógom!
afscheid nemen (ww)	опраштати се	opráštati se
Tot kijk!	Ћао! Здраво!	Ćáo! Zdrávo!
Dank u!	Хвала!	Hvála!
Dank u wel!	Хвала лепо!	Hvála lépo!
Graag gedaan	Изволите	Izvólite
Geen dank!	Нема на чему!	Néma na čému!
Geen moeite.	Нема на чему	Néma na čému
Excuseer me, ... (inform.)	Извини!	Izvíni!
Excuseer me, ... (form.)	Извините!	Izvínite!
excuseren (verontschuldigen)	извињавати (nг)	izvinjávati

zich verontschuldigen	извињавати се	izvinjávati se
Mijn excuses.	Извињавам се	Izvinjávam se
Het spijt me!	Извините!	Izvínite!
vergeven (ww)	опраштати (nr)	opráštati
Maakt niet uit!	Ништа страшно!	Níšta strášno!
alsjeblieft	молим	mólim
Vergeet het niet!	Не заборавите!	Ne zabóravite!
Natuurlijk!	Наравно!	Náravno!
Natuurlijk niet!	Наравно да не!	Náravno da ne!
Akkoord!	Слажем се!	Slážem se!
Zo is het genoeg!	Доста!	Dósta!

3. Vragen

Wie?	Ко?	Ko?
Wat?	Шта?	Šta?
Waar?	Где?	Gde?
Waarheen?	Куда?	Kúda?
Waarvandaan?	Одакле? Откуд?	Ódakle? Ótkud?
Wanneer?	Када?	Káda?
Waarom?	Зашто?	Zášto?
Waarom?	Зашто?	Zášto?
Waarvoor dan ook?	За шта? Због чега?	Zá šta? Zbog čéga?
Hoe?	Како?	Káko?
Wat voor ...?	Какав?	Kákav?
Welk?	Који?	Kóji?
Aan wie?	Коме?	Kóme?
Over wie?	О коме?	O kóme?
Waarover?	О чему?	O čému?
Met wie?	Са ким?	Sa kim?
Hoeveel?	Колико?	Kolíko?
Van wie? (mann.)	Чији?	Číji?
Van wie? (vrouw.)	Чија?	Číja?
Van wie? (mv.)	Чије?	Číje?

4. Voorzetsels

met (bijv. ~ beleg)	с, са	s, sa
zonder (~ accent)	без	bez
naar (in de richting van)	у	u
over (praten ~)	о	o
voor (in tijd)	пре	pre
voor (aan de voorkant)	испред	íspred
onder (lager dan)	испод	íspod
boven (hoger dan)	изнад	íznad
op (bovenop)	на	na
van (uit, afkomstig van)	из	iz

van (gemaakt van)	од	od
over (bijv. ~ een uur)	за	za
over (over de bovenkant)	преко	préko

5. Functiewoorden. Bijwoorden. Deel 1

Waar?	Где?	Gde?
hier (bw)	овде	óvde
daar (bw)	тамо	támo

ergens (bw)	негде	négde
nergens (bw)	нигде	nígde

bij ... (in de buurt)	код	kod
bij het raam	поред прозора	póred prózora

Waarheen?	Куда?	Kúda?
hierheen (bw)	овамо	óvamo
daarheen (bw)	тамо	támo
hiervandaan (bw)	одавде	ódavde
daarvandaan (bw)	оданде	ódande

dichtbij (bw)	близу	blízu
ver (bw)	далеко	daléko

in de buurt (van ...)	близу, у близини	blízu, u blizíni
dichtbij (bw)	у близини	u blízini
niet ver (bw)	недалеко	nédaleko

linker (bn)	леви	lévi
links (bw)	слева	sléva
linksaf, naar links (bw)	лево	lévo

rechter (bn)	десни	désni
rechts (bw)	десно	désno
rechtsaf, naar rechts (bw)	десно	désno

vooraan (bw)	спреда	spréda
voorste (bn)	предњи	prédnji
vooruit (bw)	напред	nápred

achter (bw)	иза	íza
van achteren (bw)	отпозади	otpozádi
achteruit (naar achteren)	назад, унатраг	názad, unátrag

midden (het)	средина (ж)	sredína
in het midden (bw)	у средини	u sredíni

opzij (bw)	са стране	sa stráne
overal (bw)	свуда	svúda
omheen (bw)	око	óko

binnenuit (bw)	изнутра	iznútra
naar ergens (bw)	некуда	nékuda

rechtdoor (bw)	право	právo
terug (bijv. ~ komen)	назад	názad

ergens vandaan (bw)	однекуд	ódnekud
ergens vandaan (en dit geld moet ~ komen)	однекуд	ódnekud

ten eerste (bw)	прво	pŕvo
ten tweede (bw)	друго	drúgo
ten derde (bw)	треће	tréće

plotseling (bw)	изненада	íznenada
in het begin (bw)	у почетку	u počétku
voor de eerste keer (bw)	први пут	pŕvi put
lang voor ... (bw)	много пре ...	mnógo pre ...
opnieuw (bw)	поново	pónovo
voor eeuwig (bw)	заувек	záuvek

nooit (bw)	никад	níkad
weer (bw)	опет	ópet
nu (bw)	сада	sáda
vaak (bw)	често	čésto
toen (bw)	тада	táda
urgent (bw)	хитно	hítno
meestal (bw)	обично	óbično

trouwens, ... (tussen haakjes)	узгред, ...	úzgred, ...
mogelijk (bw)	могуће	móguće
waarschijnlijk (bw)	вероватно	vérovatno
misschien (bw)	можда	móžda
trouwens (bw)	осим тога ...	ósim tóga ...
daarom ...	дакле ..., због тога ...	dákle ..., zbog toga ...
in weerwil van ...	без обзира на ...	bez óbzira na ...
dankzij ...	захваљујући ...	zahváljujući ...

wat (vn)	шта	šta
dat (vw)	да	da
iets (vn)	нешто	néšto
iets	нешто	néšto
niets (vn)	ништа	níšta

wie (~ is daar?)	ко	ko
iemand (een onbekende)	неко	néko
iemand (een bepaald persoon)	неко	néko

niemand (vn)	нико	níko
nergens (bw)	никуд	níkud

niemands (bn)	ничији	níčiji
iemands (bn)	нечији	néčiji

zo (Ik ben ~ blij)	тако	táko
ook (evenals)	такође	takóđe
alsook (eveneens)	такође	takóđe

6. Functiewoorden. Bijwoorden. Deel 2

Waarom?	Зашто?	Zášto?
om een bepaalde reden	из неког разлога	iz nékog rázloga
omdat ...	јер ..., зато што ...	jer ..., záto što ...
voor een bepaald doel	из неког разлога	iz nékog rázloga

en (vw)	и	i
of (vw)	или	íli
maar (vw)	али	áli
voor (vz)	за	za

te (~ veel mensen)	сувише, превише	súviše, préviše
alleen (bw)	само	sámo
precies (bw)	тачно	táčno
ongeveer (~ 10 kg)	око	óko

omstreeks (bw)	приближно	príbližno
bij benadering (bn)	приближан	príbližan
bijna (bw)	скоро	skóro
rest (de)	остало (c)	óstalo

de andere (tweede)	други	drúgi
ander (bn)	други	drúgi
elk (bn)	свак	svak
om het even welk	било који	bílo kóji
veel (grote hoeveelheid)	много	mnógo
veel mensen	многи	mnógi
iedereen (alle personen)	сви	svi

in ruil voor ...	у замену за ...	u zámenu za ...
in ruil (bw)	у замену	u zámenu
met de hand (bw)	ручно	rúčno
onwaarschijnlijk (bw)	тешко да, једва да	téško da, jédva da

waarschijnlijk (bw)	вероватно	vérovatno
met opzet (bw)	намерно	námerno
toevallig (bw)	случајно	slúčajno

zeer (bw)	врло	vŕlo
bijvoorbeeld (bw)	на пример	na prímer
tussen (~ twee steden)	између	ízmeđu
tussen (te midden van)	међу	méđu
zoveel (bw)	толико	tolíko
vooral (bw)	нарочито	národčito

GETALLEN. DIVERSEN

7. Kardinale getallen. Deel 1

nul	нула (ж)	núla
een	један	jédan
twee	два	dva
drie	три	tri
vier	четири	čétiri
vijf	пет	pet
zes	шест	šest
zeven	седам	sédam
acht	осам	ósam
negen	девет	dévet
tien	десет	déset
elf	једанаест	jedánaest
twaalf	дванаест	dvánaest
dertien	тринаест	trínaest
veertien	четрнаест	četŕnaest
vijftien	петнаест	pétnaest
zestien	шеснаест	šésnaest
zeventien	седамнаест	sedámnaest
achttien	осамнаест	osámnaest
negentien	деветнаест	devétnaest
twintig	двадесет	dvádeset
eenentwintig	двадесет и један	dvádeset i jédan
tweeëntwintig	двадесет и два	dvádeset i dva
drieëntwintig	двадесет и три	dvádeset i tri
dertig	тридесет	trídeset
eenendertig	тридесет и један	trídeset i jédan
tweeëndertig	тридесет и два	trídeset i dva
drieëndertig	тридесет и три	trideset i tri
veertig	четрдесет	četrdéset
eenenveertig	четрдесет и један	četrdéset i jédan
tweeënveertig	четрдесет и два	četrdéset i dva
drieënveertig	четрдесет и три	četrdéset i tri
vijftig	педесет	pedéset
eenenvijftig	педесет и један	pedéset i jédan
tweeënvijftig	педесет и два	pedéset i dva
drieënvijftig	педесет и три	pedéset i tri
zestig	шездесет	šezdéset
eenenzestig	шездесет и један	šezdéset i jédan

tweeënzestig	шездесет и два	šezdéset i dva
drieënzestig	шездесет и три	šezdéset i tri
zeventig	седамдесет	sedamdéset
eenenzeventig	седамдесет и један	sedamdéset i jédan
tweeënzeventig	седамдесет и два	sedamdéset i dva
drieënzeventig	седамдесет и три	sedamdéset i tri
tachtig	осамдесет	osamdéset
eenentachtig	осамдесет и један	osamdéset i jédan
tweeëntachtig	осамдесет и два	osamdéset i dva
drieëntachtig	осамдесет и три	osamdéset i tri
negentig	деведесет	devedéset
eenennegentig	деведесет и један	devedéset i jédan
tweeënnegentig	деведесет и два	devedéset i dva
drieënnegentig	деведесет и три	devedéset i tri

8. Kardinale getallen. Deel 2

honderd	сто	sto
tweehonderd	двеста	dvésta
driehonderd	триста	trísta
vierhonderd	четиристо	četiristo
vijfhonderd	петсто	pétsto
zeshonderd	шестсто	šéststo
zevenhonderd	седамсто	sédamsto
achthonderd	осамсто	ósamsto
negenhonderd	деветсто	dévetsto
duizend	хиљада (ж)	híljada
tweeduizend	две хиљаде	dve híljade
drieduizend	три хиљаде	tri híljade
tienduizend	десет хиљада	déset híljada
honderdduizend	сто хиљада	sto híljada
miljoen (het)	милион (м)	milíon
miljard (het)	милијарда (ж)	milíjarda

9. Ordinale getallen

eerste (bn)	први	pŕvi
tweede (bn)	други	drúgi
derde (bn)	трећи	tréći
vierde (bn)	четврти	četvrti
vijfde (bn)	пети	péti
zesde (bn)	шести	šésti
zevende (bn)	седми	sédmi
achtste (bn)	осми	ósmi
negende (bn)	девети	déveti
tiende (bn)	десети	déseti

KLEUREN. MEETEENHEDEN

10. Kleuren

kleur (de)	боја (ж)	bója
tint (de)	нијанса (ж)	nijánsa
kleurnuance (de)	тон (м)	ton
regenboog (de)	дуга (ж)	dúga
wit (bn)	бео	béo
zwart (bn)	црн	cŕn
grijs (bn)	сив	siv
groen (bn)	зелен	zélen
geel (bn)	жут	žut
rood (bn)	црвен	cŕven
blauw (bn)	плав	plav
lichtblauw (bn)	светло плав	svétlo plav
roze (bn)	ружичаст	rúžičast
oranje (bn)	наранцаст	nárandžast
violet (bn)	љубичаст	ljúbičast
bruin (bn)	браон	bráon
goud (bn)	златан	zlátan
zilverkleurig (bn)	сребрнаст	srébrnast
beige (bn)	беж	bež
roomkleurig (bn)	боје крем	bóje krem
turkoois (bn)	тиркизан	tírkizan
kersrood (bn)	боје вишње	bóje víšnje
lila (bn)	лила	líla
karmijnrood (bn)	боје малине	bóje máline
licht (bn)	светао	svétao
donker (bn)	таман	táman
fel (bn)	јарки	járki
kleur-, kleurig (bn)	обојен	óbojen
kleuren- (abn)	у боји	u bóji
zwart-wit (bn)	црно-бели	cŕno-béli
eenkleurig (bn)	једнобојан	jédnobojan
veelkleurig (bn)	разнобојан	ráznobojan

11. Meeteenheden

gewicht (het)	тежина (ж)	težína
lengte (de)	дужина (ж)	dužína

breedte (de)	ширина (ж)	širína
hoogte (de)	висина (ж)	visína
diepte (de)	дубина (ж)	dubína
volume (het)	запремина (ж)	zápremina
oppervlakte (de)	површина (ж)	póvršina

gram (het)	грам (м)	gram
milligram (het)	милиграм (м)	míligram
kilogram (het)	килограм (м)	kílogram
ton (duizend kilo)	тона (ж)	tóna
pond (het)	фунта (ж)	fúnta
ons (het)	унца (ж)	únca

meter (de)	метар (м)	métar
millimeter (de)	милиметар (м)	mílimetar
centimeter (de)	сантиметар (м)	santimétar
kilometer (de)	километар (м)	kílometar
mijl (de)	миља (ж)	mílja

duim (de)	палац (м)	pálac
voet (de)	стопа (ж)	stópa
yard (de)	јард (м)	jard

| vierkante meter (de) | квадратни метар (м) | kvádratni métar |
| hectare (de) | хектар (м) | héktar |

liter (de)	литар (м)	lítar
graad (de)	степен (м)	stépen
volt (de)	волт (м)	volt
ampère (de)	ампер (м)	ámper
paardenkracht (de)	коњска снага (ж)	kónjska snága

hoeveelheid (de)	количина (ж)	količína
een beetje ...	мало ...	málo ...
helft (de)	половина (ж)	polóvina
dozijn (het)	туце (с)	túce
stuk (het)	комад (м)	kómad

| afmeting (de) | величина (ж) | veličína |
| schaal (bijv. ~ van 1 op 50) | размер (м) | rázmer |

minimaal (bn)	минималан	mínimalan
minste (bn)	најмањи	nájmanji
medium (bn)	средњи	srédnji
maximaal (bn)	максималан	máksimalan
grootste (bn)	највећи	nájveći

12. Containers

glazen pot (de)	тегла (ж)	tégla
blik (conserven~)	лименка (ж)	límenka
emmer (de)	ведро (с)	védro
ton (bijv. regenton)	буре (с)	búre
ronde waterbak (de)	лавор (м)	lávor

tank (bijv. watertank-70-ltr)	резервоар (м)	rezervóar
heupfles (de)	чутурица (ж)	čúturica
jerrycan (de)	канта (ж) за гориво	kánta za górivo
tank (bijv. ketelwagen)	цистерна (ж)	cistérna
beker (de)	кригла (ж)	krígla
kopje (het)	шоља (ж)	šólja
schoteltje (het)	тацна (ж)	tácna
glas (het)	чаша (ж)	čáša
wijnglas (het)	чаша (ж) за вино	čáša za víno
pan (de)	шерпа (ж), лонац (м)	šerpa, lónac
fles (de)	боца, флаша (ж)	bóca, fláša
flessenhals (de)	врат (м)	vrat
karaf (de)	бокал (м)	bókal
kruik (de)	крчаг (м)	kŕčag
vat (het)	суд (м)	sud
pot (de)	лонац (м)	lónac
vaas (de)	ваза (ж)	váza
flacon (de)	боца (ж)	bóca
flesje (het)	бочица (ж)	bóčica
tube (bijv. ~ tandpasta)	туба (ж)	túba
zak (bijv. ~ aardappelen)	џак (м)	džak
tasje (het)	кеса (ж)	késa
pakje (~ sigaretten, enz.)	паковање (с)	pákovanje
doos (de)	кутија (ж)	kútija
kist (de)	сандук (м)	sánduk
mand (de)	корпа (ж)	kórpa

BELANGRIJKSTE WERKWOORDEN

13. De belangrijkste werkwoorden. Deel 1

aanbevelen (ww)	препоручивати (пг)	preporučívati
aandringen (ww)	инсистирати (нг)	insistírati
aankomen (per auto, enz.)	стизати (нг)	stízati
aanraken (ww)	дирати (пг)	dírati
adviseren (ww)	саветовати (пг)	sávetovati
afdalen (on.ww.)	спуштати се	spúštati se
afslaan (naar rechts ~)	скретати (нг)	skrétati
antwoorden (ww)	одговарати (нг, пг)	odgovárati
bang zijn (ww)	плашити се	plášiti se
bedreigen	претити (нг)	prétiti
(bijv. met een pistool)		
bedriegen (ww)	обмањивати (пг)	obmanjívati
beëindigen (ww)	завршавати (пг)	završávati
beginnen (ww)	почињати (нг, пг)	póčinjati
begrijpen (ww)	разумевати (пг)	razumévati
beheren (managen)	руководити (пг)	rukovóditi
beledigen	вређати (пг)	vréđati
(met scheldwoorden)		
beloven (ww)	обећати (пг)	obećati
bereiden (koken)	кувати (пг)	kúvati
bespreken (spreken over)	расправљати (пг)	ráspravljati
bestellen (eten ~)	наручивати (пг)	naručívati
bestraffen (een stout kind ~)	кажњавати (пг)	kažnjávati
betalen (ww)	платити (нг, пг)	plátiti
betekenen (beduiden)	значити (нг)	znáčiti
betreuren (ww)	жалити (нг)	žáliti
bevallen (prettig vinden)	свиђати се	svíđati se
bevelen (mil.)	наређивати (пг)	naređívati
bevrijden (stad, enz.)	ослобађати (пг)	oslobáđati
bewaren (ww)	чувати (пг)	čúvati
bezitten (ww)	поседовати (пг)	pósedovati
bidden (praten met God)	молити се	móliti se
binnengaan (een kamer ~)	ући, улазити (нг)	úći, úlaziti
breken (ww)	ломити (пг)	lómiti
controleren (ww)	контролисати (пг)	kontrólisati
creëren (ww)	створити (пг)	stvóriti
deelnemen (ww)	учествовати (нг)	účestvovati
denken (ww)	мислити (нг)	mísliti
doden (ww)	убијати (нг)	ubíjati

| doen (ww) | радити (nr) | ráditi |
| dorst hebben (ww) | бити жедан | bíti žédan |

14. De belangrijkste werkwoorden. Deel 2

een hint geven	дати миг	dáti mig
eisen (met klem vragen)	захтевати, тражити	zahtévati, trážiti
excuseren (vergeven)	извињавати (nr)	izvinjávati
existeren (bestaan)	постојати (нг)	póstojati
gaan (te voet)	ићи (нг)	íći

gaan zitten (ww)	седати (нг)	sédati
gaan zwemmen	купати се	kúpati se
geven (ww)	давати (nr)	dávati
glimlachen (ww)	осмехивати се	osmehívati se
goed raden (ww)	погодити (nr)	pogóditi

grappen maken (ww)	шалити се	šáliti se
graven (ww)	копати (nr)	kópati
hebben (ww)	имати (nr)	ímati
helpen (ww)	помагати (nr)	pomágati
herhalen (opnieuw zeggen)	понављати (nr)	ponávljati
honger hebben (ww)	бити гладан	bíti gládan

hopen (ww)	надати се	nádati se
horen (waarnemen met het oor)	чути (нг, nr)	čúti
huilen (wenen)	плакати (нг)	plákati
huren (huis, kamer)	изнајмити (nr)	iznájmiti
informeren (informatie geven)	информисати (nr)	infórmisati
instemmen (akkoord gaan)	слагати се	slágati se
jagen (ww)	ловити (nr)	lóviti
kennen (kennis hebben van iemand)	знати (nr)	znáti
kiezen (ww)	бирати (nr)	bírati
klagen (ww)	жалити се	žáliti se

kosten (ww)	коштати (нг)	kóštati
kunnen (ww)	моћи (нг)	móći
lachen (ww)	смејати се	sméjati se
laten vallen (ww)	испуштати (nr)	ispúštati
lezen (ww)	читати (нг, nr)	čítati

liefhebben (ww)	волети (nr)	vóleti
lunchen (ww)	ручати (нг)	rúčati
nemen (ww)	узети (nr)	úzeti
nodig zijn (ww)	бити потребан	bíti pótreban

15. De belangrijkste werkwoorden. Deel 3

| onderschatten (ww) | подцењивати (nr) | podcenjívati |
| ondertekenen (ww) | потписивати (nr) | potpisívati |

ontbijten (ww)	доручковати (нг)	dóručkovati
openen (ww)	отварати (пг)	otvárati
ophouden (ww)	прекидати (пг)	prekídati
opmerken (zien)	запажати (пг)	zapážati

opscheppen (ww)	хвалисати се	hválisati se
opschrijven (ww)	записивати (пг)	zapisívati
plannen (ww)	планирати (пг)	planírati
prefereren (verkiezen)	преферирати (пг)	preferírati
proberen (trachten)	пробати (нг)	próbati
redden (ww)	спасавати (пг)	spasávati

rekenen op ...	рачунати на ...	račúnati na ...
rennen (ww)	трчати (нг)	tŕčati
reserveren	резервисати (пг)	rezervísati
(een hotelkamer ~)		
roepen (om hulp)	звати (пг)	zváti
schieten (ww)	пуцати (нг)	púcati
schreeuwen (ww)	викати (нг)	víkati

schrijven (ww)	писати (пг)	písati
souperen (ww)	вечерати (нг)	véčerati
spelen (kinderen)	играти (нг)	ígrati
spreken (ww)	говорити (нг)	govóriti
stelen (ww)	красти (пг)	krásti
stoppen (pauzeren)	заустављати се	zaústavljati se

studeren (Nederlands ~)	студирати (пг)	studírati
sturen (zenden)	слати (пг)	sláti
tellen (optellen)	рачунати (пг)	račúnati
toebehoren aan ...	припадати (нг)	prípadati
toestaan (ww)	дозвољавати (нг, пг)	dozvoljávati
tonen (ww)	показивати (пг)	pokazívati

twijfelen (onzeker zijn)	сумњати (нг)	súmnjati
uitgaan (ww)	изаћи (нг)	ízaći
uitnodigen (ww)	позивати (пг)	pozívati
uitspreken (ww)	изговарати (пг)	izgovárati
uitvaren tegen (ww)	грдити (пг)	gŕditi

16. De belangrijkste werkwoorden. Deel 4

vallen (ww)	падати (нг)	pádati
vangen (ww)	ловити (пг)	lóviti
veranderen (anders maken)	променити (пг)	proméniti
verbaasd zijn (ww)	чудити се	čúditi se
verbergen (ww)	крити (пг)	kríti

verdedigen (je land ~)	штитити (пг)	štítiti
verenigen (ww)	уједињавати (пг)	ujedinjávati
vergelijken (ww)	упоређивати (пг)	upoređívati
vergeten (ww)	заборављати (нг, пг)	zabóravljati
vergeven (ww)	опраштати (пг)	opráštati
verklaren (uitleggen)	објашњавати (пг)	objašnjávati

verkopen (per stuk ~)	продавати (nr)	prodávati
vermelden (praten over)	спомињати (nr)	spóminjati
versieren (decoreren)	украшавати (nr)	ukrašávati
vertalen (ww)	преводити (nr)	prevóditi
vertrouwen (ww)	веровати (nr)	vérovati
vervolgen (ww)	настављати (nr)	nástavljati
verwarren (met elkaar ~)	бркати (nr)	br̂kati
verzoeken (ww)	молити (nr)	móliti
verzuimen (school, enz.)	пропуштати (nr)	propúštati
vinden (ww)	наћи (nr)	náći
vliegen (ww)	летети (нr)	léteti
volgen (ww)	пратити (nr)	prátiti
voorstellen (ww)	предлагати (nr)	predlágati
voorzien (verwachten)	предвиђати (nr)	predvíđati
vragen (ww)	питати (nr)	pítati
waarnemen (ww)	посматрати (нr)	posmátrati
waarschuwen (ww)	упозоравати (nr)	upozorávati
wachten (ww)	чекати (нr, nr)	čékati
weerspreken (ww)	приговарати (нr)	prigovárati
weigeren (ww)	одбијати се	odbíjati se
werken (ww)	радити (нr)	ráditi
weten (ww)	знати (nr)	znáti
willen (verlangen)	хтети (nr)	htéti
zeggen (ww)	рећи (nr)	réći
zich haasten (ww)	журити се	žúriti se
zich interesseren voor ...	интересовати се	ínteresovati se
zich vergissen (ww)	грешити (нr)	gréšiti
zich verontschuldigen	извињавати се	izvinjávati se
zien (ww)	видети (nr)	vídeti
zoeken (ww)	тражити (nr)	trážiti
zwemmen (ww)	пливати (нr)	plívati
zwijgen (ww)	ћутати (нr)	ćútati

TIJD. KALENDER

17. Dagen van de week

maandag (de)	понедељак (м)	ponédeljak
dinsdag (de)	уторак (м)	útorak
woensdag (de)	среда (ж)	sréda
donderdag (de)	четвртак (м)	četvŕtak
vrijdag (de)	петак (м)	pétak
zaterdag (de)	субота (ж)	súbota
zondag (de)	недеља (ж)	nédelja
vandaag (bw)	данас	dánas
morgen (bw)	сутра	sútra
overmorgen (bw)	прекосутра	prékosutra
gisteren (bw)	јуче	júče
eergisteren (bw)	прекјуче	prékjuče
dag (de)	дан (м)	dan
werkdag (de)	радни дан (м)	rádni dan
feestdag (de)	празничан дан (м)	prázničan dan
verlofdag (de)	слободан дан (м)	slóbodan dan
weekend (het)	викенд (м)	víkend
de hele dag (bw)	цео дан	céo dan
de volgende dag (bw)	следећег дана, сутра	slédećeg dána, sútra
twee dagen geleden	пре два дана	pre dva dána
aan de vooravond (bw)	уочи	úoči
dag-, dagelijks (bn)	свакодневан	svákodnevan
elke dag (bw)	свакодневно	svákodnevno
week (de)	недеља (ж)	nédelja
vorige week (bw)	прошле недеље	próšle nedelje
volgende week (bw)	следеће недеље	slédeće nédelje
wekelijks (bn)	недељни	nédeljni
elke week (bw)	недељно	nédeljno
twee keer per week	два пута недељно	dva púta nédeljno
elke dinsdag	сваког уторка	svákog útorka

18. Uren. Dag en nacht

morgen (de)	јутро (с)	jútro
's morgens (bw)	ујутру	újutru
middag (de)	подне (с)	pódne
's middags (bw)	поподне	popódne
avond (de)	вече (с)	véče
's avonds (bw)	увече	úveče

nacht (de)	ноћ (ж)	noć
's nachts (bw)	ноћу	nóću
middernacht (de)	поноћ (ж)	pónoć
seconde (de)	секунд (м)	sékund
minuut (de)	минут (ж)	mínut
uur (het)	сат (м)	sat
halfuur (het)	пола сата	póla sáta
kwartier (het)	четврт сата	čétvrt sáta
vijftien minuten	петнаест минута	pétnaest minúta
etmaal (het)	двадесет четири сата	dvádeset četiri sáta
zonsopgang (de)	излазак (м) сунца	ízlazak súnca
dageraad (de)	свануђе (с)	svanúće
vroege morgen (de)	рано јутро (с)	ráno jútro
zonsondergang (de)	залазак (м) сунца	zálazak súnca
's morgens vroeg (bw)	рано ујутру	ráno újutru
vanmorgen (bw)	јутрос	jútros
morgenochtend (bw)	сутра ујутру	sútra újutru
vanmiddag (bw)	овог поподнева	óvog popódneva
's middags (bw)	поподне	popódne
morgenmiddag (bw)	сутра поподне	sútra popódne
vanavond (bw)	вечерас	večéras
morgenavond (bw)	сутра увече	sútra úveče
klokslag drie uur	тачно у три сата	táčno u tri sáta
ongeveer vier uur	око четири сата	óko četiri sáta
tegen twaalf uur	до дванаест сати	do dvánaest sáti
over twintig minuten	за двадесет минута	za dvádeset minúta
over een uur	за сат времена	za sat vrémena
op tijd (bw)	навреме	návreme
kwart voor …	четвртина до	četvŕtina do
binnen een uur	за сат времена	za sat vrémena
elk kwartier	сваких петнаест минута	svákih pétnaest minúta
de klok rond	дан и ноћ	dan i noć

19. Maanden. Seizoenen

januari (de)	јануар (м)	jánuar
februari (de)	фебруар (м)	fébruar
maart (de)	март (м)	mart
april (de)	април (м)	ápril
mei (de)	мај (м)	maj
juni (de)	јун, јуни (м)	jun, júni
juli (de)	јули (м)	júli
augustus (de)	август (м)	ávgust
september (de)	септембар (м)	séptembar
oktober (de)	октобар (м)	óktobar

| november (de) | новембар (м) | nóvembar |
| december (de) | децембар (м) | décembar |

lente (de)	пролеће (c)	próleće
in de lente (bw)	у пролеће	u próleće
lente- (abn)	пролећни	prólećni

zomer (de)	лето (c)	léto
in de zomer (bw)	лети	léti
zomer-, zomers (bn)	летни	létni

herfst (de)	јесен (ж)	jésen
in de herfst (bw)	у јесен	u jésen
herfst- (abn)	јесењи	jésenji

winter (de)	зима (ж)	zíma
in de winter (bw)	зими	zími
winter- (abn)	зимски	zímski

maand (de)	месец (м)	mésec
deze maand (bw)	овог месеца	óvog méseca
volgende maand (bw)	следећег месеца	slédećeg méseca
vorige maand (bw)	прошлог месеца	próšlog méseca

een maand geleden (bw)	пре месец дана	pre mésec dána
over een maand (bw)	за месец дана	za mésec dána
over twee maanden (bw)	за два месеца	za dva meséca
de hele maand (bw)	цео месец	céo mésec
een volle maand (bw)	цео месец	céo mésec

maand-, maandelijks (bn)	месечни	mésečni
maandelijks (bw)	месечно	mésečno
elke maand (bw)	свaког месеца	svákog méseca
twee keer per maand	два пута месечно	dva púta mésečno

jaar (het)	година (ж)	gódina
dit jaar (bw)	ове године	óve gódine
volgend jaar (bw)	следеће године	slédeće gódine
vorig jaar (bw)	прошла година	próšla gódina

een jaar geleden (bw)	пре годину дана	pre gódinu dána
over een jaar	за годину дана	za gódinu dána
over twee jaar	за две године	za dve gódine
het hele jaar	цела година	céla gódina
een vol jaar	цела година	céla gódina

elk jaar	сваке године	sváke gódine
jaar-, jaarlijks (bn)	годишњи	gódišnji
jaarlijks (bw)	годишње	gódišnje
4 keer per jaar	четири пута годишње	četiri púta gódišnje

datum (de)	датум (м)	dátum
datum (de)	датум (м)	dátum
kalender (de)	календар (м)	kaléndar
een half jaar	пола године	póla gódine
zes maanden	полугодиште (c)	polugódište

27

seizoen (bijv. lente, zomer)	сезона (ж)	sezóna
eeuw (de)	век (м)	vek

REIZEN. HOTEL

20. Trip. Reizen

toerisme (het)	туризам (м)	turízam
toerist (de)	туриста (м)	turísta
reis (de)	путовање (с)	putovánje
avontuur (het)	авантура (ж)	avantúra
tocht (de)	путовање (с)	putovánje

vakantie (de)	одмор (м)	ódmor
met vakantie zijn	бити на годишњем одмору	bíti na gódišnjem ódmoru
rust (de)	одмор (м)	ódmor

trein (de)	воз (м)	voz
met de trein	возом	vózom
vliegtuig (het)	авион (м)	avíon
met het vliegtuig	авионом	aviónom
met de auto	колима, аутом	kólima, áutom
per schip (bw)	бродом	bródom

bagage (de)	пртљаг (м)	pŕtljag
valies (de)	кофер (м)	kófer
bagagekarretje (het)	колица (мн) за пртљаг	kolíca za pŕtljag

paspoort (het)	пасош (м)	pásoš
visum (het)	виза (ж)	víza
kaartje (het)	карта (ж)	kárta
vliegticket (het)	авионска карта (ж)	aviónska kárta

reisgids (de)	водич (м)	vódič
kaart (de)	мапа (ж)	mápa
gebied (landelijk ~)	подручје (с)	pódručje
plaats (de)	место (с)	mésto

exotische bestemming (de)	егзотика (ж)	egzótika
exotisch (bn)	егзотичан	egzótičan
verwonderlijk (bn)	диван	dívan

groep (de)	група (ж)	grúpa
rondleiding (de)	екскурзија (ж)	ekskúrzija
gids (de)	водич (м)	vódič

21. Hotel

hotel (het)	хотел (м)	hótel
motel (het)	мотел (м)	mótel

3-sterren	три звездице	tri zvézdice
5-sterren	пет звездица	pet zvézdica
overnachten (ww)	одсести (нг)	ódsesti

kamer (de)	соба (ж)	sóba
eenpersoonskamer (de)	једнокреветна соба (ж)	jédnokrevetna sóba
tweepersoonskamer (de)	двокреветна соба (ж)	dvókrevetna sóba
een kamer reserveren	резервисати собу	rezervísati sóbu

halfpension (het)	полупансион (м)	polupansíon
volpension (het)	пун пансион (м)	pun pansíon

met badkamer	са кадом	sa kádom
met douche	са тушем	sa túšem
satelliet-tv (de)	сателитска телевизија (ж)	satelítska televízija
airconditioner (de)	клима (ж)	klíma
handdoek (de)	пешкир (м)	péškir
sleutel (de)	кључ (м)	ključ

administrateur (de)	администратор (м)	administrátor
kamermeisje (het)	собарица (ж)	sóbarica
piccolo (de)	носач (м)	nósač
portier (de)	вратар (м)	vrátar

restaurant (het)	ресторан (м)	restóran
bar (de)	бар (м)	bar
ontbijt (het)	доручак (м)	dóručak
avondeten (het)	вечера (ж)	véčera
buffet (het)	шведски сто (м)	švédski sto

hal (de)	фоаје (м)	foáje
lift (de)	лифт (м)	lift

NIET STOREN	НЕ УЗНЕМИРАВАТИ	NE UZNEMIRAVATI
VERBODEN TE ROKEN!	ЗАБРАЊЕНО ПУШЕЊЕ	ZABRANJENO PUŠENJE

22. Bezienswaardigheden

monument (het)	споменик (м)	spómenik
vesting (de)	тврђава (ж)	tvŕđava
paleis (het)	палата (ж)	paláta
kasteel (het)	замак (м)	zámak
toren (de)	кула (ж)	kúla
mausoleum (het)	маузолеј (м)	mauzólej

architectuur (de)	архитектура (ж)	arhitektúra
middeleeuws (bn)	средњовековни	srednjovékovni
oud (bn)	старински	starínski
nationaal (bn)	национални	nacionálni
bekend (bn)	чувен	čúven

toerist (de)	туриста (м)	turísta
gids (de)	водич (м)	vódič
rondleiding (de)	екскурзија (ж)	ekskúrzija

tonen (ww)	показивати (пг)	pokazívati
vertellen (ww)	причати (пг)	príčati
vinden (ww)	наћи (пг)	náći
verdwalen (de weg kwijt zijn)	изгубити се	izgúbiti se
plattegrond (~ van de metro)	мапа (ж)	mápa
plattegrond (~ van de stad)	план (м)	plan
souvenir (het)	сувенир (м)	suvénir
souvenirwinkel (de)	продавница (ж) сувенира	pródavnica suveníra
foto's maken	сликати (пг)	slíkati
zich laten fotograferen	сликати се	slíkati se

VERVOER

luchthaven (de)	аеродром (м)	aeródrom
vliegtuig (het)	авион (м)	avíon
luchtvaartmaatschappij (de)	авио-компанија (ж)	ávio-kompánija
luchtverkeersleider (de)	контролор (м) лета	kontrólor léta
vertrek (het)	полазак (м)	pólazak
aankomst (de)	долазак (м)	dólazak
aankomen (per vliegtuig)	долетети (нг)	doléteti
vertrektijd (de)	време (с) поласка	vréme pólaska
aankomstuur (het)	време (с) доласка	vréme dólaska
vertraagd zijn (ww)	каснити (нг)	kásniti
vluchtvertraging (de)	кашњење (с) лета	kášnjenje léta
informatiebord (het)	информативна табла (ж)	ínformativna tábla
informatie (de)	информација (ж)	informácija
aankondigen (ww)	објављивати (пг)	objavljívati
vlucht (bijv. KLM ~)	лет (м)	let
douane (de)	царина (ж)	cárina
douanier (de)	цариник (м)	cárinik
douaneaangifte (de)	царинска декларација (ж)	cárinska deklarácija
een douaneaangifte invullen	попунити декларацију	pópuniti deklaráciju
paspoortcontrole (de)	пасошка контрола (ж)	pásoška kontróla
bagage (de)	пртљаг (м)	pŕtljag
handbagage (de)	ручни пртљаг (м)	rúčni pŕtljag
bagagekarretje (het)	колица (мн) за пртљаг	kolíca za pŕtljag
landing (de)	слетање (с)	slétanje
landingsbaan (de)	писта (ж) за слетање	písta za slétanje
landen (ww)	спуштати се	spúštati se
vliegtuigtrap (de)	степенице (мн)	stépenice
inchecken (het)	регистрација (ж), чекирање (с)	registrácija, čekíranje
incheckbalie (de)	шалтер (м) за чекирање	šálter za čekíranje
inchecken (ww)	пријавити се	prijáviti se
instapkaart (de)	бординг карта (ж)	bórding kárta
gate (de)	излаз (м)	ízlaz
transit (de)	транзит (м)	tránzit
wachten (ww)	чекати (нг, пг)	čékati
wachtzaal (de)	чекаоница (ж)	čekaónica

begeleiden (uitwuiven)	пратити (пг)	práriti
afscheid nemen (ww)	опраштати се	opráštati se

24. Vliegtuig

vliegtuig (het)	авион (м)	avíon
vliegticket (het)	авионска карта (ж)	aviónska kárta
luchtvaartmaatschappij (de)	авио-компанија (ж)	ávio-kompánija
luchthaven (de)	аеродром (м)	aeródrom
supersonisch (bn)	суперсоничан	supersóničan

gezagvoerder (de)	капетан (м) авиона	kapétan avíona
bemanning (de)	посада (ж)	pósada
piloot (de)	пилот (м)	pílot
stewardess (de)	стјуардеса (ж)	stjuardésa
stuurman (de)	навигатор (м)	navígator

vleugels (mv.)	крила (мн)	kríla
staart (de)	реп (м)	rep
cabine (de)	кабина (ж)	kabína
motor (de)	мотор (м)	mótor

landingsgestel (het)	шасија (ж)	šásija
turbine (de)	турбина (ж)	turbína

propeller (de)	пропелер (м)	propéler
zwarte doos (de)	црна кутија (ж)	cŕna kútija

stuur (het)	управљач (м)	uprávljač
brandstof (de)	гориво (м)	górivo

veiligheidskaart (de)	упутство (с) за ванредне ситуације	úputstvo za vanredne situácije
zuurstofmasker (het)	маска (ж) за кисеоник	máska za kiseónik
uniform (het)	униформа (ж)	úniforma

reddingsvest (de)	прслук (м) за спасавање	pŕsluk za spásavanje
parachute (de)	падобран (м)	pádobran

opstijgen (het)	полетање, узлетање (с)	polétanje, uzlétanje
opstijgen (ww)	полетати (нг)	polétati
startbaan (de)	писта (ж)	písta

zicht (het)	видљивост (ж)	vídljivost
vlucht (de)	лет (м)	let

hoogte (de)	висина (ж)	visína
luchtzak (de)	ваздушни џеп (м)	vázdušni džep

plaats (de)	седиште (с)	sédište
koptelefoon (de)	слушалице (мн)	slúšalice
tafeltje (het)	сточић (м) на расклапање	stóčić na rasklápanje
venster (het)	прозор (м)	prózor
gangpad (het)	пролаз (м)	prólaz

25. Trein

trein (de)	воз (м)	voz
elektrische trein (de)	електрични воз (м)	eléktrični voz
sneltrein (de)	брзи воз (м)	bŕzi voz
diesellocomotief (de)	дизел локомотива (ж)	dízel lokomotíva
stoomlocomotief (de)	парна локомотива (ж)	párna lokomotíva
rijtuig (het)	вагон (м)	vágon
restauratierijtuig (het)	вагон ресторан (м)	vágon restóran
rails (mv.)	шине (мн)	šíne
spoorweg (de)	железница (ж)	žéleznica
dwarsligger (de)	праг (м)	prag
perron (het)	перон (м)	péron
spoor (het)	колосек (м)	kólosek
semafoor (de)	семафор (м)	sémafor
halte (bijv. kleine treinhalte)	станица (ж)	stánica
machinist (de)	машиновођа (м)	mašinóvođa
kruier (de)	носач (м)	nósač
conducteur (de)	послужитељ (м) у возу	poslúžitelj u vózu
passagier (de)	путник (м)	pútnik
controleur (de)	контролер (м)	kontróler
gang (in een trein)	ходник (м)	hódnik
noodrem (de)	кочница (ж)	kóčnica
coupé (de)	купе (м)	kúpe
bed (slaapplaats)	лежај (м)	léžaj
bovenste bed (het)	горњи лежај (м)	górnji léžaj
onderste bed (het)	доњи лежај (м)	dónji léžaj
beddengoed (het)	постељина (ж)	posteljína
kaartje (het)	карта (ж)	kárta
dienstregeling (de)	ред (м) вожње	red vóžnje
informatiebord (het)	табла (ж)	tábla
vertrekken	одлазити (нг)	ódlaziti
(De trein vertrekt ...)		
vertrek (ov. een trein)	полазак (м)	pólazak
aankomen (ov. de treinen)	долазити (нг)	dólaziti
aankomst (de)	долазак (м)	dólazak
aankomen per trein	доћи возом	dóći vózom
in de trein stappen	сести у воз	sésti u voz
uit de trein stappen	сићи с воза	síći s vóza
treinwrak (het)	железничка несрећа (ж)	žéleznička nésreća
ontspoord zijn	исклизнути из шина	ískliznuti iz šína
stoomlocomotief (de)	парна локомотива (ж)	párna lokomotíva
stoker (de)	ложач (м)	lóžač
stookplaats (de)	ложиште (с)	lóžište
steenkool (de)	угаљ (м)	úgalj

26. Schip

schip (het)	брод (м)	brod
vaartuig (het)	брод (м)	brod
stoomboot (de)	пароброд (м)	párobrod
motorschip (het)	речни брод (м)	réčni brod
lijnschip (het)	прекоокеански брод (м)	prekookéanski brod
kruiser (de)	крстарица (ж)	krstárica
jacht (het)	јахта (ж)	jáhta
sleepboot (de)	тегљач (м)	tégljač
duwbak (de)	шлеп (м)	šlép
ferryboot (de)	трајект (м)	trájekt
zeilboot (de)	једрењак (м)	jedrénjak
brigantijn (de)	бригантина (ж)	brigantína
ijsbreker (de)	ледоломац (м)	ledolómac
duikboot (de)	подморница (ж)	pódmornica
boot (de)	чамац (м)	čámac
sloep (de)	чамац (м)	čámac
reddingssloep (de)	чамац (м) за спасавање	čámac za spásavanje
motorboot (de)	моторни брод (м)	mótorni brod
kapitein (de)	капетан (м)	kapétan
zeeman (de)	морнар (м)	mórnar
matroos (de)	поморац, морнар (м)	pómorac, mórnar
bemanning (de)	посада (ж)	pósada
bootsman (de)	воћа (м) палубе	vóđa pálube
scheepsjongen (de)	бродски момак (м)	bródski mómak
kok (de)	кувар (м)	kúvar
scheepsarts (de)	бродски лекар (м)	bródski lékar
dek (het)	палуба (ж)	páluba
mast (de)	јарбол (м)	járbol
zeil (het)	једро (с)	jédro
ruim (het)	потпалубље (с)	pótpalublje
voorsteven (de)	прамац (м)	prámac
achtersteven (de)	крма (ж)	kŕma
roeispaan (de)	весло (с)	véslo
schroef (de)	бродски пропелер (м)	bródski propéler
kajuit (de)	кабина (ж)	kabína
officierskamer (de)	официрска менза (ж)	ofícirska ménza
machinekamer (de)	стројарница (ж)	strójarnica
brug (de)	капетански мост (м)	kapétanski most
radiokamer (de)	радио кабина (ж)	rádio kabína
radiogolf (de)	талас (м)	tálas
logboek (het)	бродски дневник (м)	bródski dnévnik
verrekijker (de)	дурбин (м)	dúrbin
klok (de)	звоно (с)	zvóno

vlag (de)	застава (ж)	zástava
kabel (de)	конопац (м)	kónopac
knoop (de)	чвор (м)	čvor

leuning (de)	рукохват (м)	rúkohvat
trap (de)	рампа (ж)	rámpa

anker (het)	сидро (с)	sídro
het anker lichten	дићи сидро	díći sídro
het anker neerlaten	спустити сидро	spústiti sídro
ankerketting (de)	сидрени ланац (м)	sídreni lánac

haven (bijv. containerhaven)	лука (ж)	lúka
kaai (de)	пристаниште (с)	prístanište
aanleggen (ww)	пристајати (нг)	prístajati
wegvaren (ww)	отпловити (нг)	otplóviti

reis (de)	путовање (с)	putovánje
cruise (de)	крстарење (с)	krstárenje
koers (de)	правац, курс (м)	právac, kurs
route (de)	маршрута (ж)	maršrúta

vaarwater (het)	пловни пут (м)	plóvni put
zandbank (de)	плићак (м)	plíćak
stranden (ww)	насукати се	násukati se

storm (de)	олуја (ж)	olúja
signaal (het)	сигнал (м)	sígnal
zinken (ov. een boot)	тонути (нг)	tónuti
Man overboord!	Човек у мору!	Čóvek u móru!
SOS (noodsignaal)	СОС	SOS
reddingsboei (de)	појас (м) за спасавање	pójas za spasávanje

STAD

bus, autobus (de)	аутобус (м)	autóbus
tram (de)	трамвај (м)	trámvaj
trolleybus (de)	тролејбус (м)	troléjbus
route (de)	маршрута (ж)	maršrúta
nummer (busnummer, enz.)	број (м)	broj
rijden met ...	ићи ...	íći ...
stappen (in de bus ~)	ући у ...	úći u ...
afstappen (ww)	сићи (нг), изаћи из ...	síći, ízaći iz ...
halte (de)	станица (ж)	stánica
volgende halte (de)	следећа станица (ж)	slédeća stánica
eindpunt (het)	последња станица (ж)	póslednja stánica
dienstregeling (de)	ред (м) вожње	red vóžnje
wachten (ww)	чекати (нг, пг)	čékati
kaartje (het)	карта (ж)	kárta
reiskosten (de)	цена (ж) карте	céna kárte
kassier (de)	благајник (м)	blágajnik
kaartcontrole (de)	контрола (ж)	kontróla
controleur (de)	контролер (м)	kontróler
te laat zijn (ww)	каснити (нг)	kásniti
missen (de bus ~)	пропустити (пг)	propústiti
zich haasten (ww)	журити (нг)	žúriti
taxi (de)	такси (м)	táksi
taxichauffeur (de)	таксиста (м)	táksista
met de taxi (bw)	таксијем	táksijem
taxistandplaats (de)	такси станица (ж)	táksi stánica
een taxi bestellen	позвати такси	pózvati táksi
een taxi nemen	узети такси	úzeti taksi
verkeer (het)	саобраћај (м)	sáobraćaj
file (de)	гужва (ж)	gúžva
spitsuur (het)	шпиц (м)	špic
parkeren (on.ww.)	паркирати се	parkírati se
parkeren (ov.ww.)	паркирати (пг)	parkírati
parking (de)	паркиралиште (с)	parkíralište
metro (de)	метро (м)	métro
halte (bijv. kleine treinhalte)	станица (ж)	stánica
de metro nemen	ићи метроом	ići metróom
trein (de)	воз (м)	voz
station (treinstation)	железничка станица (ж)	žéleznička stánica

37

28. Stad. Het leven in de stad

stad (de)	град (м)	grad
hoofdstad (de)	главни град (м), престоница (ж)	glávni grad, préstonica
dorp (het)	село (с)	sélo
plattegrond (de)	план (м) града	plan gráda
centrum (ov. een stad)	центар (м) града	céntar gráda
voorstad (de)	предграђе (с)	prédgrađe
voorstads- (abn)	приградски	prígradski
randgemeente (de)	предграђе (с)	prédgrađe
omgeving (de)	околина (ж)	ókolina
blok (huizenblok)	четврт (ж)	čétvrt
woonwijk (de)	стамбена четврт (ж)	stámbena četvrt
verkeer (het)	саобраћај (м)	sáobraćaj
verkeerslicht (het)	семафор (м)	sémafor
openbaar vervoer (het)	градски превоз (м)	grádski prévoz
kruispunt (het)	раскрсница (ж)	ráskrsnica
zebrapad (oversteekplaats)	пешачки прелаз (м)	péšački prélaz
onderdoorgang (de)	подземни пролаз (м)	pódzemni prólaz
oversteken (de straat ~)	прелазити (пг)	prélaziti
voetganger (de)	пешак (м)	péšak
trottoir (het)	тротоар (м)	trotóar
brug (de)	мост (м)	most
dijk (de)	кеј (м)	kej
fontein (de)	чесма (ж)	čésma
allee (de)	алеја (ж)	aléja
park (het)	парк (м)	park
boulevard (de)	булевар (м)	bulévar
plein (het)	трг (м)	tŕg
laan (de)	авенија (ж)	avénija
straat (de)	улица (ж)	úlica
zijstraat (de)	споредна улица (ж)	spóredna úlica
doodlopende straat (de)	ћорсокак (м)	ćorsókak
huis (het)	кућа (ж)	kúća
gebouw (het)	зграда (ж)	zgráda
wolkenkrabber (de)	небодер (м)	néboder
gevel (de)	фасада (ж)	fasáda
dak (het)	кров (м)	krov
venster (het)	прозор (м)	prózor
boog (de)	лук (м)	luk
pilaar (de)	колона (ж)	kolóna
hoek (ov. een gebouw)	угао, ћошак (м)	úgao, ćóšak
vitrine (de)	излог (м)	ízlog
gevelreclame (de)	натпис (м)	nátpis
affiche (de/het)	плакат (м)	plákat

reclameposter (de)	рекламни постер (м)	réklamni póster
aanplakbord (het)	билборд (м)	bílbord
vuilnis (de/het)	смеће, ђубре (с)	smeće, đúbre
vuilnisbak (de)	корпа (ж) за смеће	kórpa za sméće
afval weggooien (ww)	бацати ђубре	bácati đúbre
stortplaats (de)	депонија (ж)	depónija
telefooncel (de)	говорница (ж)	góvornica
straatlicht (het)	стуб (м)	stub
bank (de)	клупа (ж)	klúpa
politieagent (de)	полицајац (м)	policájac
politie (de)	полиција (ж)	polícija
zwerver (de)	просјак (м)	prósjak
dakloze (de)	бескућник (м)	béskućnik

29. Stedelijke instellingen

winkel (de)	продавница (ж)	pródavnica
apotheek (de)	апотека (ж)	apotéka
optiek (de)	оптика (ж)	óptika
winkelcentrum (het)	тржни центар (м)	tržni céntar
supermarkt (de)	супермаркет (м)	supermárket
bakkerij (de)	пекара (ж)	pékara
bakker (de)	пекар (м)	pékar
banketbakkerij (de)	посластичарница (ж)	poslastičárnica
kruidenier (de)	бакалница (ж)	bakálnica
slagerij (de)	месара (ж)	mésara
groentewinkel (de)	пиљарница (ж)	píljarnica
markt (de)	пијаца (ж)	píjaca
koffiehuis (het)	кафић (м), кафана (ж)	káfić, kafána
restaurant (het)	ресторан (м)	restóran
bar (de)	пивница (ж)	pívnica
pizzeria (de)	пицерија (ж)	picérija
kapperssalon (de/het)	фризерски салон (м)	frízerski sálon
postkantoor (het)	пошта (ж)	póšta
stomerij (de)	хемијско чишћење (с)	hémijsko číšćenje
fotostudio (de)	фото атеље (м)	fóto atélje
schoenwinkel (de)	продавница (ж) обуће	pródavnica óbuće
boekhandel (de)	књижара (ж)	knjížara
sportwinkel (de)	спортска радња (ж)	spórtska rádnja
kledingreparatie (de)	поправка (ж) одеће	pópravka ódeće
kledingverhuur (de)	изнајмљивање (с) одеће	iznajmljívanje ódeće
videotheek (de)	изнајмљивање (с) филмова	iznajmljívanje fílmova
circus (de/het)	циркус (м)	církus
dierentuin (de)	зоолошки врт (м)	zoóloški vŕt

bioscoop (de)	биоскоп (м)	bíoskop
museum (het)	музеj (м)	múzej
bibliotheek (de)	библиотека (ж)	bibliotéka

theater (het)	позориште (с)	pózorište
opera (de)	опера (ж)	ópera
nachtclub (de)	ноћни клуб (м)	nóćni klub
casino (het)	коцкарница (ж)	kóckarnica

moskee (de)	џамија (ж)	džámija
synagoge (de)	синагога (ж)	sinagóga
kathedraal (de)	катедрала (ж)	katedrála
tempel (de)	храм (м)	hram
kerk (de)	црква (ж)	cŕkva

instituut (het)	институт (м)	instítut
universiteit (de)	универзитет (м)	univerzitét
school (de)	школа (ж)	škóla

gemeentehuis (het)	управа (ж)	úprava
stadhuis (het)	градска кућа (ж)	grádska kúća
hotel (het)	хотел (м)	hótel
bank (de)	банка (ж)	bánka

ambassade (de)	амбасада (ж)	ambasáda
reisbureau (het)	туристичка агенција (ж)	turística agéncija
informatieloket (het)	биро (с) за информације	bíro za informácije
wisselkantoor (het)	мењачница (ж)	menjáčnica

metro (de)	метро (м)	métro
ziekenhuis (het)	болница (ж)	bólnica

benzinestation (het)	бензинска станица (ж)	bénzinska stánica
parking (de)	паркиралиште (с)	parkíralište

30. Borden

gevelreclame (de)	натпис (м)	nátpis
opschrift (het)	натпис (м)	nátpis
poster (de)	плакат (м)	plákat
wegwijzer (de)	путоказ (м)	pútokaz
pijl (de)	стрелица (ж)	strélica

waarschuwing (verwittiging)	упозорење (с)	upozorénje
waarschuwingsbord (het)	знак (м) упозорења	znak upozorénja
waarschuwen (ww)	упозорити (пг)	upozóriti

vrije dag (de)	слободан дан (м)	slóbodan dan
dienstregeling (de)	распоред (м)	ráspored
openingsuren (mv.)	радно време (с)	rádno vréme

WELKOM!	ДОБРО ДОШЛИ!	DOBRO DOŠLI!
INGANG	УЛАЗ	ULAZ
UITGANG	ИЗЛАЗ	IZLAZ

DUWEN	ГУРАЈ	GURAJ
TREKKEN	ВУЦИ	VUCI
OPEN	ОТВОРЕНО	OTVORENO
GESLOTEN	ЗАТВОРЕНО	ZATVORENO
DAMES	ЖЕНЕ	ŽENE
HEREN	МУШКАРЦИ	MUŠKARCI
KORTING	ПОПУСТИ	POPUSTI
UITVERKOOP	РАСПРОДАЈА	RASPRODAJA
NIEUW!	НОВО!	NOVO!
GRATIS	БЕСПЛАТНО	BESPLATNO
PAS OP!	ПАЖЊА!	PAŽNJA!
VOLGEBOEKT	НЕМА СЛОБОДНИХ СОБА	NEMA SLOBODNIH SOBA
GERESERVEERD	РЕЗЕРВИСАНО	REZERVISANO
ADMINISTRATIE	УПРАВА	UPRAVA
ALLEEN VOOR PERSONEEL	САМО ЗА ОСОБЉЕ	SAMO ZA OSOBLJE
GEVAARLIJKE HOND	ЧУВАЈ СЕ ПСА	ČUVAJ SE PSA
VERBODEN TE ROKEN!	ЗАБРАЊЕНО ПУШЕЊЕ	ZABRANJENO PUŠENJE
NIET AANRAKEN!	НЕ ДИРАТИ	NE DIRATI
GEVAARLIJK	ОПАСНО	OPASNO
GEVAAR	ОПАСНОСТ	OPASNOST
HOOGSPANNING	ВИСОКИ НАПОН	VISOKI NAPON
VERBODEN TE ZWEMMEN	ЗАБРАЊЕНО КУПАЊЕ	ZABRANJENO KUPANJE
BUITEN GEBRUIK	НЕ РАДИ	NE RADI
ONTVLAMBAAR	ЗАПАЉИВО	ZAPALJIVO
VERBODEN	ЗАБРАЊЕНО	ZABRANJENO
DOORGANG VERBODEN	ЗАБРАЊЕН ПРОЛАЗ	ZABRANJEN PROLAZ
OPGELET PAS GEVERFD	СВЕЖЕ ОФАРБАНО	SVEŽE OFARBANO

31. Winkelen

kopen (ww)	куповати (пг)	kupóvati
aankoop (de)	куповина (ж)	kupóvina
winkelen (ww)	ићи у шопинг	íći u šóping
winkelen (het)	куповина (ж)	kupóvina
open zijn (ov. een winkel, enz.)	бити отворен	bíti ótvoren
gesloten zijn (ww)	бити затворен	bíti zátvoren
schoeisel (het)	обућа (ж)	óbuća
kleren (mv.)	одећа (ж)	ódeća
cosmetica (mv.)	козметика (ж)	kozmétika
voedingswaren (mv.)	намирнице (мн)	námirnice
geschenk (het)	поклон (м)	póklon
verkoper (de)	продавач (м)	prodávač
verkoopster (de)	продавачица (ж)	prodaváčica

kassa (de)	благајна (ж)	blágajna
spiegel (de)	огледало (с)	oglédalo
toonbank (de)	тезга (ж)	tézga
paskamer (de)	кабина (ж)	kabína

aanpassen (ww)	пробати (пг)	próbati
passen (ov. kleren)	пристајати (нг)	prístajati
bevallen (prettig vinden)	свиђати се	svíđati se

prijs (de)	цена (ж)	céna
prijskaartje (het)	ценовник (м)	cénovnik
kosten (ww)	коштати (нг)	kóštati
Hoeveel?	Колико?	Kolíko?
korting (de)	попуст (м)	pópust

niet duur (bn)	није скуп	níje skup
goedkoop (bn)	јефтин	jéftin
duur (bn)	скуп	skup
Dat is duur.	То је скупо	To je skúpo

verhuur (de)	изнајмљивање (с)	iznajmljívanje
huren (smoking, enz.)	изнајмити (пг)	iznájmiti
krediet (het)	кредит (м)	krédit
op krediet (bw)	на кредит	na krédit

KLEDING EN ACCESSOIRES

32. Bovenkleding. Jassen

kleren (mv.)	одећа (ж)	ódeća
bovenkleding (de)	горња одећа (ж)	górnja ódeća
winterkleding (de)	зимска одећа (ж)	zímska ódeća
jas (de)	капут (м)	káput
bontjas (de)	бунда (ж)	búnda
bontjasje (het)	кратка бунда (ж)	krátka búnda
donzen jas (de)	перјана јакна (ж)	pérjana jákna
jasje (bijv. een leren ~)	јакна (ж)	jákna
regenjas (de)	кишни мантил (м)	kíšni mántil
waterdicht (bn)	водоотпоран	vodoótporan

33. Heren & dames kleding

overhemd (het)	кошуља (ж)	kóšulja
broek (de)	панталоне (мн)	pantalóne
jeans (de)	фармерке (мн)	fármerke
colbert (de)	сако (м)	sáko
kostuum (het)	одело (с)	odélo
jurk (de)	хаљина (ж)	háljina
rok (de)	сукња (ж)	súknja
blouse (de)	блуза (ж)	blúza
wollen vest (de)	џемпер (м)	džémper
blazer (kort jasje)	жакет (м)	žáket
T-shirt (het)	мајица (ж)	májica
shorts (mv.)	шорц, шортс (м)	šorc, šorts
trainingspak (het)	спортски костим (м)	spórtski kóstim
badjas (de)	баде мантил (м)	báde mántil
pyjama (de)	пиџама (ж)	pidžáma
sweater (de)	џемпер (м)	džémper
pullover (de)	пуловер (м)	pulóver
gilet (het)	прслук (м)	pŕsluk
rokkostuum (het)	фрак (м)	frak
smoking (de)	смокинг (м)	smóking
uniform (het)	униформа (ж)	úniforma
werkkleding (de)	радна одећа (ж)	rádna ódeća
overall (de)	комбинезон (м)	kombinézon
doktersjas (de)	мантил (м)	mántil

34. Kleding. Ondergoed

ondergoed (het)	доње рубље (с)	dónje rúblje
herenslip (de)	мушке гаће (мн)	múške gáće
slipjes (mv.)	гаћице (мн)	gáćice
onderhemd (het)	мајица (ж)	májica
sokken (mv.)	чарапе (мн)	čárape
nachthemd (het)	спаваћица (ж)	spavaćica
beha (de)	грудњак (м)	grúdnjak
kniekousen (mv.)	доколенице (мн)	dokolénice
panty (de)	хулахопке (мн)	húlahopke
nylonkousen (mv.)	чарапе (мн)	čárape
badpak (het)	купаћи костим (м)	kúpaći kóstim

35. Hoofddeksels

hoed (de)	капа (ж)	kápa
deukhoed (de)	шешир (м)	šéšir
honkbalpet (de)	бејзбол качкет (м)	béjzbol káčket
kleppet (de)	енглеска капа (ж), качкет (м)	éngleska kápa, káčket
baret (de)	берета, беретка (ж)	beréta, beretka
kap (de)	капуљача (ж)	kapúljača
panamahoed (de)	панама-шешир (м)	panáma-šéšir
gebreide muts (de)	плетена капа (ж)	plétena kápa
hoofddoek (de)	марама (ж)	márama
dameshoed (de)	женски шешир (м)	žénski šéšir
veiligheidshelm (de)	кацига (ж), шлем (м)	káciga, šlem
veldmuts (de)	титовка (ж)	títovka
helm, valhelm (de)	шлем (м)	šlem
bolhoed (de)	полуцилиндар (м)	pólucilindar
hoge hoed (de)	цилиндар (м)	cilíndar

36. Schoeisel

schoeisel (het)	обућа (ж)	óbuća
schoenen (mv.)	ципеле (мн)	cípele
vrouwenschoenen (mv.)	ципеле (мн)	cípele
laarzen (mv.)	чизме (мн)	čízme
pantoffels (mv.)	папуче (мн)	pápuče
sportschoenen (mv.)	патике (мн)	pátike
sneakers (mv.)	патике (мн)	pátike
sandalen (mv.)	сандале (мн)	sandále
schoenlapper (de)	обућар (м)	óbućar
hiel (de)	потпетица (ж)	pótpetica

paar (een ~ schoenen)	пар (м)	par
veter (de)	пертла (ж)	pértla
rijgen (schoenen ~)	шнирати (гл)	šnírati
schoenlepel (de)	кашика (ж) за ципеле	kášika za cípele
schoensmeer (de/het)	крема (ж) за обућу	kréma za óbuću

37. Persoonlijke accessoires

handschoenen (mv.)	рукавице (мн)	rukávice
wanten (mv.)	рукавице (мн) с једним прстом	rukávice s jednim prstom
sjaal (fleece ~)	шал (м)	šal
bril (de)	наочаре (мн)	náočare
brilmontuur (het)	оквир (м)	ókvir
paraplu (de)	кишобран (м)	kíšobran
wandelstok (de)	штап (м)	štap
haarborstel (de)	четка (ж) за косу	četka za kósu
waaier (de)	лепеза (ж)	lepéza
das (de)	кравата (ж)	kraváta
strikje (het)	лептир машна (ж)	léptir mášna
bretels (mv.)	трегери (мн)	trégeri
zakdoek (de)	џепна марамица (ж)	džépna máramica
kam (de)	чешаљ (м)	čéšalj
haarspeldje (het)	шнала (ж)	šnála
schuifspeldje (het)	укосница (ж)	úkosnica
gesp (de)	копча (ж)	kópča
broekriem (de)	каиш (м)	káiš
draagriem (de)	каиш (м)	káiš
handtas (de)	торба (ж)	tórba
damestas (de)	ташна (ж)	tášna
rugzak (de)	ранац (м)	ránac

38. Kleding. Diversen

mode (de)	мода (ж)	móda
de mode (bn)	модеран	móderan
kledingstilist (de)	модни креатор (м)	módni kreátor
kraag (de)	овратник (м)	óvratnik
zak (de)	џеп (м)	džep
zak- (abn)	џепни	džépni
mouw (de)	рукав (м)	rúkav
lusje (het)	вешалица (ж)	véšalica
gulp (de)	шлиц (м)	šlic
rits (de)	рајсфершлус (м)	rájsferšlus
sluiting (de)	копча (ж)	kópča

knoop (de)	дугме (с)	dúgme
knoopsgat (het)	рупица (ж)	rúpica
losraken (bijv. knopen)	откинути се	ótkinuti se

naaien (kleren, enz.)	шити (нг, пг)	šíti
borduren (ww)	вести (нг, пг)	vésti
borduursel (het)	вез (м)	vez
naald (de)	игла (ж)	ígla
draad (de)	конац (м)	kónac
naad (de)	шав (м)	šav

vies worden (ww)	испрљати се	ispŕljati se
vlek (de)	мрља (ж)	mŕlja
gekreukt raken (ov. kleren)	изгужвати се	izgúžvati se
scheuren (ov.ww.)	цепати (пг)	cépati
mot (de)	мољац (м)	móljac

39. Persoonlijke verzorging. Schoonheidsmiddelen

tandpasta (de)	паста (ж) за зубе	pásta za zúbe
tandenborstel (de)	четкица (ж) за зубе	čétkica za zúbe
tanden poetsen (ww)	прати зубе	práti zúbe

scheermes (het)	бријач (м)	bríjač
scheerschuim (het)	крема (ж) за бријање	kréma za bríjanje
zich scheren (ww)	бријати се	bríjati se

| zeep (de) | сапун (м) | sápun |
| shampoo (de) | шампон (м) | šámpon |

schaar (de)	маказе (мн)	mákaze
nagelvijl (de)	турпија (ж) за нокте	túrpija za nokte
nagelknipper (de)	грицкалица (ж) за нокте	gríckalica za nókte
pincet (het)	пинцета (ж)	pincéta

cosmetica (mv.)	козметика (ж)	kozmétika
masker (het)	маска (ж)	máska
manicure (de)	маникир (м)	mánikir
manicure doen	радити маникир	ráditi mánikir
pedicure (de)	педикир (м)	pédikir

cosmetica tasje (het)	козметичка торбица (ж)	kozmétička tórbica
poeder (de/het)	пудер (м)	púder
poederdoos (de)	пудријера (ж)	pudrijéra
rouge (de)	руменило (с)	ruménilo

parfum (de/het)	парфем (м)	párfem
eau de toilet (de)	тоалетна вода (ж)	tóaletna vóda
lotion (de)	лосион (м)	lósion
eau de cologne (de)	колоњска вода (ж)	kólonjska vóda

oogschaduw (de)	сенка (ж) за очи	sénka za óči
oogpotlood (het)	оловка (ж) за очи	ólovka za óči
mascara (de)	маскара (ж)	máskara

lippenstift (de)	кармин (м)	kármin
nagellak (de)	лак (м) за нокте	lak za nókte
haarlak (de)	лак (м) за косу	lak za kósu
deodorant (de)	дезодоранс (м)	dezodórans

crème (de)	крема (ж)	kréma
gezichtscrème (de)	крема (ж) за лице	kréma za líce
handcrème (de)	крема (ж) за руке	kréma za rúke
antirimpelcrème (de)	крема (ж) против бора	kréma prótiv bóra
dagcrème (de)	дневна крема (ж)	dnévna kréma
nachtcrème (de)	ноћна крема (ж)	nóćna kréma
dag- (abn)	дневни	dnévni
nacht- (abn)	ноћни	nóćni

tampon (de)	тампон (м)	támpon
toiletpapier (het)	тоалет-папир (м)	toálet-pápir
föhn (de)	фен (м)	fen

40. Horloges. Klokken

polshorloge (het)	сат (м)	sat
wijzerplaat (de)	бројчаник (м)	brojčánik
wijzer (de)	казаљка (ж)	kázaljka
metalen horlogeband (de)	наруквица (ж)	nárukvica
horlogebandje (het)	каиш (м) за сат	káiš za sat

batterij (de)	батерија (ж)	báterija
leeg zijn (ww)	испразнити се	isprázniti se
batterij vervangen	заменити батерију	zaméniti batériju
voorlopen (ww)	журити (нг)	žúriti
achterlopen (ww)	заостајати (нг)	zaóstajati

wandklok (de)	зидни сат (м)	zídni sat
zandloper (de)	пешчани сат (м)	péščani sat
zonnewijzer (de)	сунчани сат (м)	súnčani sat
wekker (de)	будилник (м)	búdilnik
horlogemaker (de)	часовничар (м)	čásovničar
repareren (ww)	поправљати (пг)	pópravljati

ALLEDAAGSE ERVARING

41. Geld

geld (het)	новац (м)	nóvac
ruil (de)	размена (ж)	rázmena
koers (de)	курс (м)	kurs
geldautomaat (de)	банкомат (м)	bánkomat
muntstuk (de)	новчић (м)	nóvčić
dollar (de)	долар (м)	dólar
euro (de)	евро (м)	évro
lire (de)	италијанска лира (ж)	itálijanska líra
Duitse mark (de)	немачка марка (ж)	némačka márka
frank (de)	франак (м)	frának
pond sterling (het)	фунта (ж)	fúnta
yen (de)	јен (м)	jen
schuld (geldbedrag)	дуг (м)	dug
schuldenaar (de)	дужник (м)	dúžnik
uitlenen (ww)	посудити	posúditi
lenen (geld ~)	позајмити (пг)	pozájmiti
bank (de)	банка (ж)	bánka
bankrekening (de)	рачун (м)	ráčun
storten (ww)	положити (пг)	polóžiti
op rekening storten	положити на рачун	polóžiti na ráčun
opnemen (ww)	подићи са рачуна	pódići sa račúna
kredietkaart (de)	кредитна картица (ж)	kréditna kártica
baar geld (het)	готовина (ж)	gótovina
cheque (de)	чек (м)	ček
een cheque uitschrijven	написати чек	napísati ček
chequeboekje (het)	чековна књижица (ж)	čékovna knjížica
portefeuille (de)	новчаник (м)	novčánik
geldbeugel (de)	новчаник (м)	novčánik
safe (de)	сеф (м)	sef
erfgenaam (de)	наследник (м)	následnik
erfenis (de)	наследство (с)	následstvo
fortuin (het)	богатство (с)	bogátstvo
huur (de)	закуп, најам (м)	zákup, nájam
huurprijs (de)	станарина (ж)	stánarina
huren (huis, kamer)	изнајмити (пг)	iznájmiti
prijs (de)	цена (ж)	céna
kostprijs (de)	вредност (ж)	vrédnost

som (de)	износ (м)	íznos
uitgeven (geld besteden)	трошити (пг)	tróšiti
kosten (mv.)	трошкови (мн)	tróškovi
bezuinigen (ww)	штедети (нг, пг)	štédeti
zuinig (bn)	штедљив	štédljiv

betalen (ww)	платити (нг, пг)	plátiti
betaling (de)	плаћање (с)	pláćanje
wisselgeld (het)	кусур (м)	kúsur

belasting (de)	порез (м)	pórez
boete (de)	новчана казна (ж)	nóvčana kázna
beboeten (bekeuren)	кажњавати (пг)	kažnjávati

42. Post. Postkantoor

postkantoor (het)	пошта (ж)	póšta
post (de)	пошта (ж)	póšta
postbode (de)	поштар (м)	póštar
openingsuren (mv.)	радно време (с)	rádno vréme

brief (de)	писмо (с)	písmo
aangetekende brief (de)	препоручено писмо (с)	préporučeno písmo
briefkaart (de)	разгледница (ж)	rázglednica
telegram (het)	телеграм (м)	télegram
postpakket (het)	пакет (м)	páket
overschrijving (de)	пренос (м) новца	prénos nóvca

ontvangen (ww)	примити (пг)	prímiti
sturen (zenden)	послати (пг)	póslati
verzending (de)	слање (с)	slánje
adres (het)	адреса (ж)	adrésa
postcode (de)	поштански број (м)	póštanski broj
verzender (de)	пошиљалац (м)	póšiljalac
ontvanger (de)	прималац (м)	prímalac

naam (de)	име (с)	íme
achternaam (de)	презиме (с)	prézime
tarief (het)	тарифа (ж)	tarífa
standaard (bn)	обичан	óbičan
zuinig (bn)	економичан	ekónomičan

gewicht (het)	тежина (ж)	težína
afwegen (op de weegschaal)	вагати (пг)	vágati
envelop (de)	коверат (м)	kovérat
postzegel (de)	поштанска марка (ж)	poštanska márka
een postzegel plakken op	лепити марку	lépiti márku

43. Bankieren

bank (de)	банка (ж)	bánka
bankfiliaal (het)	експозитура (ж)	ekspozitúra

| bankbediende (de) | банкарски службеник (м) | bánkarski slúžbenik |
| manager (de) | менаџер (м) | ménadžer |

bankrekening (de)	рачун (м)	ráčun
rekeningnummer (het)	број (м) рачуна	broj račúna
lopende rekening (de)	текући рачун (м)	tékući ráčun
spaarrekening (de)	штедни рачун (м)	štédni ráčun

een rekening openen	отворити рачун	ótvoriti ráčun
de rekening sluiten	затворити рачун	zatvóriti ráčun
op rekening storten	поставити на рачун	póstaviti na ráčun
opnemen (ww)	подићи са рачуна	pódići sa račúna

storting (de)	депозит (м)	depózit
een storting maken	ставити новац на рачун	stáviti nóvac na ráčun
overschrijving (de)	трансфер (м) новца	tránsfer nóvca
een overschrijving maken	послати новац	póslati nóvac

| som (de) | износ (м) | íznos |
| Hoeveel? | Колико? | Kolíko? |

| handtekening (de) | потпис (м) | pótpis |
| ondertekenen (ww) | потписати (пг) | potpísati |

kredietkaart (de)	кредитна картица (ж)	kréditna kártica
code (de)	код (м)	kod
kredietkaartnummer (het)	број (м) кредитне картице	broj kréditne kártice
geldautomaat (de)	банкомат (м)	bánkomat

cheque (de)	чек (м)	ček
een cheque uitschrijven	написати чек	napísati ček
chequeboekje (het)	чековна књижица (ж)	čékovna knjížica

lening, krediet (de)	кредит (м)	krédit
een lening aanvragen	затражити кредит	zátražiti krédit
een lening nemen	узимати кредит	uzímati krédit
een lening verlenen	давати кредит	dávati krédit
garantie (de)	гаранција (ж)	garáncija

44. Telefoon. Telefoongesprek

telefoon (de)	телефон (м)	teléfon
mobieltje (het)	мобилни телефон (м)	móbilni teléfon
antwoordapparaat (het)	секретарица (ж)	sekretárica

| bellen (ww) | звати (пг) | zváti |
| belletje (telefoontje) | позив (м) | póziv |

een nummer draaien	позвати број	pózvati broj
Hallo!	Хало!	Hálo!
vragen (ww)	упитати (пг)	upítati
antwoorden (ww)	јавити се	jáviti se
horen (ww)	чути (нг, пг)	čúti
goed (bw)	добро	dóbro

slecht (bw)	лоше	loše
storingen (mv.)	сметње (мн)	smétnje
hoorn (de)	слушалица (ж)	slúšalica
opnemen (ww)	подићи слушалицу	pódići slúšalicu
ophangen (ww)	спустити слушалицу	spústiti slúšalicu
bezet (bn)	заузето	záuzeto
overgaan (ww)	звонити (нг)	zvóniti
telefoonboek (het)	телефонски именик (м)	teléfonski ímenik
lokaal (bn)	локалан	lókalan
interlokaal (bn)	међуградски	međugrádski
buitenlands (bn)	међународни	međunárodni

45. Mobiele telefoon

mobieltje (het)	мобилни телефон (м)	móbilni teléfon
scherm (het)	дисплеј (м)	displéj
toets, knop (de)	дугме (с)	dúgme
simkaart (de)	СИМ картица (ж)	SIM kártica
batterij (de)	батерија (ж)	báterija
leeg zijn (ww)	испразнити се	isprázniti se
acculader (de)	пуњач (м)	púnjač
menu (het)	мени (м)	méni
instellingen (mv.)	подешавања (мн)	podešávanja
melodie (beltoon)	мелодија (ж)	mélodija
selecteren (ww)	изабрати (пг)	izábrati
rekenmachine (de)	калкулатор (м)	kalkulátor
voicemail (de)	говорна пошта (ж)	góvorna póšta
wekker (de)	будилник (м)	búdilnik
contacten (mv.)	контакти (мн)	kóntakti
SMS-bericht (het)	СМС порука (ж)	SMS póruka
abonnee (de)	претплатник (м)	prétplatnik

46. Schrijfbehoeften

balpen (de)	хемијска оловка (ж)	hémijska ólovka
vulpen (de)	наливперо (с)	nálivpero
potlood (het)	оловка (ж)	ólovka
marker (de)	маркер (м)	márker
viltstift (de)	фломастер (м)	flómaster
notitieboekje (het)	нотес (м)	nótes
agenda (boekje)	роковник (м)	rokóvnik
liniaal (de/het)	лењир (м)	lénjir
rekenmachine (de)	калкулатор (м)	kalkulátor

gom (de)	гумица (ж)	gúmica
punaise (de)	пајснадла (ж)	pájsnadla
paperclip (de)	спајалица (ж)	spájalica

lijm (de)	лепак (м)	lépak
nietmachine (de)	хефталица (ж)	héftalica
perforator (de)	бушилица (ж) за папир	búšilica za pápir
potloodslijper (de)	резач (м)	rézač

47. Vreemde talen

taal (de)	језик (м)	jézik
vreemd (bn)	стран	stran
vreemde taal (de)	страни језик (м)	stráni jézik
leren (bijv. van buiten ~)	студирати (пг)	studírati
studeren (Nederlands ~)	учити (пг)	účiti

lezen (ww)	читати (нг, пг)	čítati
spreken (ww)	говорити (нг)	govóriti
begrijpen (ww)	разумевати (пг)	razumévati
schrijven (ww)	писати (пг)	písati

snel (bw)	брзо	bŕzo
langzaam (bw)	споро, полако	spóro, poláko
vloeiend (bw)	течно	téčno

regels (mv.)	правила (мн)	právila
grammatica (de)	граматика (ж)	gramátika
vocabulaire (het)	лексикон (м)	léksikon
fonetiek (de)	фонетика (ж)	fonétika

leerboek (het)	уџбеник (м)	údžbenik
woordenboek (het)	речник (м)	réčnik
leerboek (het) voor zelfstudie	приручник (м)	príručnik
taalgids (de)	приручник (м) за конверзацију	príručnik za konverzáciju

cassette (de)	касета (ж)	kaséta
videocassette (de)	видео касета (ж)	vídeo kaséta
CD (de)	ЦД диск (м)	CD disk
DVD (de)	ДВД (м)	DVD

alfabet (het)	азбука, абецеда (ж)	ázbuka, abecéda
spellen (ww)	спеловати (пг)	spélovati
uitspraak (de)	изговор (м)	ízgovor

accent (het)	нагласак (м)	náglasak
met een accent (bw)	са нагласком	sa náglaskom
zonder accent (bw)	без нагласка	bez náglaska

woord (het)	реч (ж)	reč
betekenis (de)	смисао (м)	smísao
cursus (de)	течај (м)	téčaj
zich inschrijven (ww)	уписати се	upísati se

leraar (de)	професор (м)	prófesor
vertaling (een ~ maken)	превођење (с)	prevóđenje
vertaling (tekst)	превод (м)	prévod
vertaler (de)	преводилац (м)	prevódilac
tolk (de)	преводилац (м)	prevódilac
polyglot (de)	полиглота (м)	poliglóta
geheugen (het)	памћење (с)	pámćenje

MAALTIJDEN. RESTAURANT

48. Tafelschikking

lepel (de)	кашика (ж)	kášika
mes (het)	нож (м)	nož
vork (de)	виљушка (ж)	víljuška
kopje (het)	шоља (ж)	šólja
bord (het)	тањир (м)	tánjir
schoteltje (het)	тацна (ж)	tácna
servet (het)	салвета (ж)	salvéta
tandenstoker (de)	чачкалица (ж)	čáčkalica

49. Restaurant

restaurant (het)	ресторан (м)	restóran
koffiehuis (het)	кафић (м), кафана (ж)	káfić, kafána
bar (de)	бар (м)	bar
tearoom (de)	чајџиница (ж)	čájdžinica
kelner, ober (de)	конобар (м)	kónobar
serveerster (de)	конобарица (ж)	konobárica
barman (de)	бармен (м)	bármen
menu (het)	јеловник (м)	jélovnik
wijnkaart (de)	винска карта (ж)	vínska kárta
een tafel reserveren	резервисати сто	rezervísati sto
gerecht (het)	јело (с)	jélo
bestellen (eten ~)	наручити (пг)	narúčiti
een bestelling maken	наручити	narúčiti
aperitief (de/het)	аперитив (м)	áperitiv
voorgerecht (het)	предјело (с)	prédjelo
dessert (het)	десерт (м)	désert
rekening (de)	рачун (м)	ráčun
de rekening betalen	платити рачун	plátiti ráčun
wisselgeld teruggeven	вратити кусур	vrátiti kúsur
fooi (de)	бакшиш (м)	bákšiš

50. Maaltijden

eten (het)	храна (ж)	hrána
eten (ww)	јести (нг, пг)	jésti

ontbijt (het)	доручак (м)	dóručak
ontbijten (ww)	доручковати (нг)	dóručkovati
lunch (de)	ручак (м)	rúčak
lunchen (ww)	ручати (нг)	rúčati
avondeten (het)	вечера (ж)	véčera
souperen (ww)	вечерати (нг)	véčerati

eetlust (de)	апетит (м)	apétit
Eet smakelijk!	Пријатно!	Prîjatno!

openen (een fles ~)	отварати (нг)	otvárati
morsen (koffie, enz.)	пролити (нг)	próliti
zijn gemorst	пролити се	próliti se

koken (water kookt bij 100°C)	кључати (нг)	kljúčati
koken (Hoe om water te ~)	кључати (нг)	kljúčati
gekookt (~ water)	кувани	kúvani
afkoelen (koeler maken)	охладити (нг)	ohláditi
afkoelen (koeler worden)	охлађивати се	ohlađívati se

smaak (de)	укус (м)	úkus
nasmaak (de)	укус (м)	úkus

volgen een dieet	смршати (нг)	smŕšati
dieet (het)	дијета (ж)	dijéta
vitamine (de)	витамин (м)	vitámin
calorie (de)	калорија (ж)	kalórija
vegetariër (de)	вегетаријанац (м)	vegetarijánac
vegetarisch (bn)	вегетаријански	vegetaríjanski

vetten (mv.)	масти (мн)	másti
eiwitten (mv.)	беланчевине (мн)	belánčevine
koolhydraten (mv.)	угљени хидрати (мн)	úgljeni hidráti
snede (de)	парче (с)	párče
stuk (bijv. een ~ taart)	комад (м)	kómad
kruimel (de)	мрва (ж)	mŕva

51. Bereide gerechten

gerecht (het)	јело (с)	jélo
keuken (bijv. Franse ~)	кухиња (ж)	kúhinja
recept (het)	рецепт (м)	récept
portie (de)	порција (ж)	pórcija

salade (de)	салата (ж)	saláta
soep (de)	супа (ж)	súpa

bouillon (de)	буљон (м)	búljon
boterham (de)	сендвич (м)	séndvič
spiegelei (het)	пржена јаја (мн)	přžena jája

hamburger (de)	хамбургер (м)	hámburger
biefstuk (de)	бифтек (м)	bíftek
garnering (de)	прилог (м)	prílog

spaghetti (de)	шпагете (мн)	špagéte
aardappelpuree (de)	кромпир пире (м)	krómpir píre
pizza (de)	пица (ж)	píca
pap (de)	каша (ж)	káša
omelet (de)	омлет (м)	ómlet

gekookt (in water)	кувани	kúvani
gerookt (bn)	димљени	dímljeni
gebakken (bn)	пржени	pŕženi
gedroogd (bn)	сув	suv
diepvries (bn)	замрзнут	zámrznut
gemarineerd (bn)	маринирани	marinírani

zoet (bn)	сладак	sládak
gezouten (bn)	слан	slan
koud (bn)	хладан	hládan
heet (bn)	врућ	vruć
bitter (bn)	горак	górak
lekker (bn)	укусан	úkusan

koken (in kokend water)	барити (пг)	báriti
bereiden (avondmaaltijd ~)	кувати (пг)	kúvati
bakken (ww)	пржити (пг)	pŕžiti
opwarmen (ww)	подгревати (пг)	podgrévati

zouten (ww)	солити (пг)	sóliti
peperen (ww)	биберити (пг)	bíberiti
raspen (ww)	рендати (пг)	réndati
schil (de)	кора (ж)	kóra
schillen (ww)	љуштити (пг)	ljúštiti

52. Voedsel

vlees (het)	месо (с)	méso
kip (de)	пилетина, кокош (ж)	píletina, kokoš
kuiken (het)	пиле (с)	píle
eend (de)	патка (ж)	pátka
gans (de)	гуска (ж)	gúska
wild (het)	дивљач (ж)	dívljač
kalkoen (de)	ћуретина (ж)	ćurétina

varkensvlees (het)	свињетина (ж)	svínjetina
kalfsvlees (het)	телетина (ж)	téletina
schapenvlees (het)	јагњетина (ж)	jágnjetina
rundvlees (het)	говедина (ж)	góvedina
konijnenvlees (het)	зец (м)	zec

worst (de)	кобасица (ж)	kobásica
saucijs (de)	виршла (ж)	víršla
spek (het)	сланина (ж)	slánina
ham (de)	шунка (ж)	šúnka
gerookte achterham (de)	шунка (ж)	šúnka
paté (de)	паштета (ж)	paštéta
lever (de)	џигерица (ж)	džígerica

gehakt (het)	млевено месо (c)	mléveno méso
tong (de)	језик (м)	jézik
ei (het)	jaje (c)	jáje
eieren (mv.)	jaja (мн)	jája
eiwit (het)	беланце (c)	belánce
eigeel (het)	жуманце (c)	žumánce
vis (de)	риба (ж)	ríba
zeevruchten (mv.)	морски плодови (мн)	mórski plódovi
schaaldieren (mv.)	ракови (мн)	rákovi
kaviaar (de)	кавијар (м)	kávijar
krab (de)	краба (ж)	krába
garnaal (de)	шкамп (м)	škamp
oester (de)	острига (ж)	óstriga
langoest (de)	јастог (м)	jástog
octopus (de)	хоботница (ж)	hóbotnica
inktvis (de)	лигња (ж)	lígnja
steur (de)	јесетра (ж)	jésetra
zalm (de)	лосос (м)	lósos
heilbot (de)	пацифички лист (м)	pacífički list
kabeljauw (de)	бакалар (м)	bakálar
makreel (de)	скуша (ж)	skúša
tonijn (de)	туњевина (ж)	túnjevina
paling (de)	јегуља (ж)	jégulja
forel (de)	пастрмка (ж)	pástrmka
sardine (de)	сардина (ж)	sardína
snoek (de)	штука (ж)	štúka
haring (de)	харинга (ж)	háringa
brood (het)	хлеб (м)	hleb
kaas (de)	сир (м)	sir
suiker (de)	шећер (м)	šéćer
zout (het)	со (ж)	so
rijst (de)	пиринач (м)	pírinač
pasta (de)	макарони (мн)	mákaroni
noedels (mv.)	резанци (мн)	rezánci
boter (de)	маслац (м)	máslac
plantaardige olie (de)	зејтин (м)	zéjtin
zonnebloemolie (de)	сунцокретово уље (c)	súncokretovo úlje
margarine (de)	маргарин (м)	margárin
olijven (mv.)	маслине (мн)	másline
olijfolie (de)	маслиново уље (c)	máslinovo úlje
melk (de)	млеко (c)	mléko
gecondenseerde melk (de)	кондензовано млеко (c)	kondenzóvano mléko
yoghurt (de)	јогурт (м)	jógurt
zure room (de)	кисела павлака (ж)	kísela pávlaka
room (de)	павлака (ж)	pávlaka

| mayonaise (de) | мајонез (м), мајонеза (ж) | majonéz, majonéza |
| crème (de) | крем (м) | krem |

graan (het)	житарице (мн)	žitárice
meel (het), bloem (de)	брашно (с)	brášno
conserven (mv.)	конзерве (мн)	konzérve

maïsvlokken (mv.)	кукурузне пахуљице (мн)	kukúruzne pahúljice
honing (de)	мед (м)	med
jam (de)	џем (м), мармелада (ж)	džem, marmeláda
kauwgom (de)	гума (ж) за жвакање	gúma za žvákanje

53. Drankjes

water (het)	вода (ж)	vóda
drinkwater (het)	питка вода (ж)	pítka vóda
mineraalwater (het)	кисела вода (ж)	kísela vóda

zonder gas	негазиран	negazíran
koolzuurhoudend (bn)	газиран	gazíran
bruisend (bn)	газиран	gazíran
ijs (het)	лед (м)	led
met ijs	са ледом	sa lédom

alcohol vrij (bn)	безалкохолан	bézalkoholan
alcohol vrije drank (de)	безалкохолно пиће (с)	bézalkoholno píće
frisdrank (de)	освежавајући напитак (м)	osvežávajući nápitak
limonade (de)	лимунада (ж)	limunáda

alcoholische dranken (mv.)	алкохолна пића (мн)	álkoholna píća
wijn (de)	вино (с)	víno
witte wijn (de)	бело вино (с)	bélo víno
rode wijn (de)	црно вино (с)	cŕno víno

likeur (de)	ликер (м)	líker
champagne (de)	шампањац (м)	šampánjac
vermout (de)	вермут (м)	vérmut

whisky (de)	виски (м)	víski
wodka (de)	вотка (ж)	vótka
gin (de)	џин (м)	džin
cognac (de)	коњак (м)	kónjak
rum (de)	рум (м)	rum

koffie (de)	кафа (ж)	káfa
zwarte koffie (de)	црна кафа (ж)	cŕna káfa
koffie (de) met melk	кафа (ж) са млеком	káfa sa mlékom
cappuccino (de)	капучино (м)	kapučíno
oploskoffie (de)	инстант кафа (ж)	ínstant káfa

melk (de)	млеко (с)	mléko
cocktail (de)	коктел (м)	kóktel
milkshake (de)	милкшејк (м)	mílkšejk
sap (het)	сок (м)	sok

tomatensap (het)	сок (м) од парадајза	sok od parádajza
sinaasappelsap (het)	сок (м) од наранџе	sok od nárandže
vers geperst sap (het)	свеже цеђени сок (м)	svéže céđeni sok

bier (het)	пиво (с)	pívo
licht bier (het)	светло пиво (с)	svétlo pívo
donker bier (het)	тамно пиво (с)	támno pívo

thee (de)	чај (м)	čaj
zwarte thee (de)	црни чај (м)	cŕni čaj
groene thee (de)	зелени чај (м)	zéleni čaj

54. Groenten

| groenten (mv.) | поврће (с) | póvrće |
| verse kruiden (mv.) | зелен (ж) | zélen |

tomaat (de)	парадајз (м)	parádajz
augurk (de)	краставац (м)	krástavac
wortel (de)	шаргарепа (ж)	šargarépa
aardappel (de)	кромпир (м)	krómpir
ui (de)	црни лук (м)	cŕni luk
knoflook (de)	бели лук (м)	béli luk

| kool (de) | купус (м) | kúpus |
| bloemkool (de) | карфиол (м) | karfíol |

| spruitkool (de) | прокељ (м) | prókelj |
| broccoli (de) | брокуле (мн) | brókule |

rode biet (de)	цвекла (ж)	cvékla
aubergine (de)	патлиџан (м)	patlidžán
courgette (de)	тиквица (ж)	tíkvica

| pompoen (de) | тиква (ж) | tíkva |
| raap (de) | репа (ж) | répa |

peterselie (de)	першун (м)	péršun
dille (de)	мирођија (ж)	miróđija
sla (de)	зелена салата (ж)	zélena saláta
selderij (de)	целер (м)	céler

| asperge (de) | шпаргла (ж) | špárgla |
| spinazie (de) | спанаћ (м) | spánać |

| erwt (de) | грашак (м) | grášak |
| bonen (mv.) | махунарке (мн) | mahúnarke |

| maïs (de) | кукуруз (м) | kukúruz |
| nierboon (de) | пасуљ (м) | pásulj |

peper (de)	паприка (ж)	páprika
radijs (de)	ротквица (ж)	rótkvica
artisjok (de)	артичока (ж)	artičóka

55. Vruchten. Noten

vrucht (de)	воће (с)	vóće
appel (de)	јабука (ж)	jábuka
peer (de)	крушка (ж)	krúška
citroen (de)	лимун (м)	límun
sinaasappel (de)	наранџа (ж)	nárandža
aardbei (de)	јагода (ж)	jágoda
mandarijn (de)	мандарина (ж)	mandarína
pruim (de)	шљива (ж)	šljíva
perzik (de)	бресква (ж)	bréskva
abrikoos (de)	кајсија (ж)	kájsija
framboos (de)	малина (ж)	málina
ananas (de)	ананас (м)	ánanas
banaan (de)	банана (ж)	banána
watermeloen (de)	лубеница (ж)	lubénica
druif (de)	грожђе (с)	gróžđe
zure kers (de)	вишња (ж)	víšnja
zoete kers (de)	трешња (ж)	tréšnja
meloen (de)	диња (ж)	dínja
grapefruit (de)	грејпфрут (м)	gréjpfrut
avocado (de)	авокадо (м)	avokádo
papaja (de)	папаја (ж)	papája
mango (de)	манго (м)	mángo
granaatappel (de)	нар (м)	nar
rode bes (de)	црвена рибизла (ж)	crvéna ríbizla
zwarte bes (de)	црна рибизла (ж)	cŕna ríbizla
kruisbes (de)	огрозд (м)	ógrozd
blauwe bosbes (de)	боровница (ж)	boróvnica
braambes (de)	купина (ж)	kupína
rozijn (de)	суво грожђе (с)	súvo gróžđe
vijg (de)	смоква (ж)	smókva
dadel (de)	урма (ж)	úrma
pinda (de)	кикирики (м)	kikiríki
amandel (de)	бадем (м)	bádem
walnoot (de)	орах (м)	órah
hazelnoot (de)	лешник (м)	léšnik
kokosnoot (de)	кокосов орах (м)	kókosov órah
pistaches (mv.)	пистаћи (мн)	pistáći

56. Brood. Snoep

suikerbakkerij (de)	посластице (мн)	póslastice
brood (het)	хлеб (м)	hleb
koekje (het)	колачић (м)	koláčić
chocolade (de)	чоколада (ж)	čokoláda
chocolade- (abn)	чоколадни	čókoladni

snoepje (het)	бомбона (ж)	bombóna
cakeje (het)	колач (м)	kólač
taart (bijv. verjaardags~)	торта (ж)	tórta

pastei (de)	пита (ж)	píta
vulling (de)	надев (м)	nádev

confituur (de)	слатко (с)	slátko
marmelade (de)	мармелада (ж)	marmeláda
wafel (de)	облатне (мн)	óblatne
ijsje (het)	сладолед (м)	sládoled
pudding (de)	пудинг (м)	púding

57. Kruiden

zout (het)	со (ж)	so
gezouten (bn)	слан	slan
zouten (ww)	солити (пг)	sóliti

zwarte peper (de)	црни бибер (м)	cŕni bíber
rode peper (de)	црвени бибер (м)	cŕveni bíber
mosterd (de)	сенф (м)	senf
mierikswortel (de)	рен, хрен (м)	ren, hren

condiment (het)	зачин (м)	záčin
specerij, kruiderij (de)	зачин (м)	záčin
saus (de)	сос (м)	sos
azijn (de)	сирће (с)	sírće

anijs (de)	анис (м)	ánis
basilicum (de)	босиљак (м)	bósiljak
kruidnagel (de)	каранфил (м)	karánfil
gember (de)	ђумбир (м)	đúmbir
koriander (de)	коријандер (м)	korijánder
kaneel (de/het)	цимет (м)	címet

sesamzaad (het)	сусам (м)	súsam
laurierblad (het)	ловор (м)	lóvor
paprika (de)	паприка (ж)	páprika
komijn (de)	ким (м)	kim
saffraan (de)	шафран (м)	šáfran

PERSOONLIJKE INFORMATIE. FAMILIE

58. Persoonlijke informatie. Formulieren

naam (de)	име (с)	íme
achternaam (de)	презиме (с)	prézime
geboortedatum (de)	датум (м) рођења	dátum rođénja
geboorteplaats (de)	место (с) рођења	mésto rođénja
nationaliteit (de)	националност (ж)	nacionálnost
woonplaats (de)	пребивалиште (с)	prébivalište
land (het)	земља (ж)	zémlja
beroep (het)	професија (ж)	profésija
geslacht (ov. het vrouwelijk ~)	пол (м)	pol
lengte (de)	раст (м)	rast
gewicht (het)	тежина (ж)	težína

59. Familieleden. Verwanten

moeder (de)	мајка (ж)	májka
vader (de)	отац (м)	ótac
zoon (de)	син (м)	sin
dochter (de)	кћи (ж)	kći
jongste dochter (de)	млађа кћи (ж)	mláđa kći
jongste zoon (de)	млађи син (м)	mláđi sin
oudste dochter (de)	најстарија кћи (ж)	nájstarija kći
oudste zoon (de)	најстарији син (м)	nájstariji sin
broer (de)	брат (м)	brat
oudere broer (de)	старији брат (м)	stáriji brat
jongere broer (de)	млађи брат (м)	mláđi brat
zuster (de)	сестра (ж)	séstra
oudere zuster (de)	старија сестра (ж)	stárija séstra
jongere zuster (de)	млађа сестра (ж)	mláđa séstra
neef (zoon van oom, tante)	рођак (м)	róđak
nicht (dochter van oom, tante)	рођака (ж)	róđaka
mama (de)	мама (ж)	máma
papa (de)	тата (м)	táta
ouders (mv.)	родитељи (мн)	róditelji
kind (het)	дете (с)	déte
kinderen (mv.)	деца (мн)	déca
oma (de)	бака (ж)	báka
opa (de)	деда (м)	déda

kleinzoon (de)	унук (м)	únuk
kleindochter (de)	унука (ж)	únuka
kleinkinderen (mv.)	унуци (мн)	únuci

oom (de)	ујак, стриц (м)	újak, stric
tante (de)	ујна, стрина (ж)	újna, strína
neef (zoon van broer, zus)	нећак, сестрић (м)	nećak, séstrić
nicht (dochter van broer, zus)	нећакиња, сестричина (ж)	nećákinja, séstričina

schoonmoeder (de)	ташта (ж)	tášta
schoonvader (de)	свекар (м)	svékar
schoonzoon (de)	зет (м)	zet
stiefmoeder (de)	маћеха (ж)	máćeha
stiefvader (de)	очух (м)	óčuh

zuigeling (de)	беба (ж)	béba
wiegenkind (het)	беба (ж)	béba
kleuter (de)	мало дете (с), беба (ж)	málo déte, béba

vrouw (de)	жена (ж)	žéna
man (de)	муж (м)	muž
echtgenoot (de)	супруг (м)	súprug
echtgenote (de)	супруга (ж)	súpruga

gehuwd (mann.)	ожењен	óženjen
gehuwd (vrouw.)	удата	údata
ongehuwd (mann.)	неожењен	neóženjen
vrijgezel (de)	нежења (м)	néženja
gescheiden (bn)	разведен	razvéden
weduwe (de)	удовица (ж)	udóvica
weduwnaar (de)	удовац (м)	údovac

familielid (het)	рођак (м)	róđak
dichte familielid (het)	блиски рођак (м)	blíski róđak
verre familielid (het)	даљи рођак (м)	dálji róđak
familieleden (mv.)	рођаци (мн)	róđaci

wees (de), weeskind (het)	сироче (с)	siróče
voogd (de)	старатељ (м)	stáratelj
adopteren (een jongen te ~)	усвојити (пг)	usvójiti
adopteren (een meisje te ~)	усвојити (пг)	usvójiti

60. Vrienden. Collega's

vriend (de)	пријатељ (м)	príjatelj
vriendin (de)	пријатељица (ж)	prijatéljica
vriendschap (de)	пријатељство (с)	prijatéljstvo
bevriend zijn (ww)	дружити се	drúžiti se

makker (de)	пријатељ (м)	príjatelj
vriendin (de)	пријатељица (ж)	prijatéljica
partner (de)	партнер (м)	pártner
chef (de)	шеф (м)	šef
baas (de)	начелник (м)	náčelnik

eigenaar (de)	власник (м)	vlásnik
ondergeschikte (de)	потчињени (м)	pótčinjeni
collega (de)	колега (м)	koléga
kennis (de)	познаник (м)	póznanik
medereiziger (de)	сапутник (м)	sáputnik
klasgenoot (de)	школски друг (м)	škólski drug
buurman (de)	комшија (м)	kómšija
buurvrouw (de)	комшиница (ж)	kómšinica
buren (mv.)	комшије (мн)	kómšije

MENSELIJK LICHAAM. GENEESKUNDE

61. Hoofd

hoofd (het)	глава (ж)	gláva
gezicht (het)	лице (с)	líce
neus (de)	нос (м)	nos
mond (de)	уста (мн)	ústa
oog (het)	око (с)	óko
ogen (mv.)	очи (мн)	óči
pupil (de)	зеница (ж)	zénica
wenkbrauw (de)	обрва (ж)	óbrva
wimper (de)	трепавица (ж)	trépavica
ooglid (het)	капак (м), веђа (ж)	kápak, véđa
tong (de)	језик (м)	jézik
tand (de)	зуб (м)	zub
lippen (mv.)	усне (мн)	úsne
jukbeenderen (mv.)	јагодице (мн)	jágodice
tandvlees (het)	десни (мн)	désni
gehemelte (het)	непце (с)	népce
neusgaten (mv.)	ноздрве (мн)	nózdrve
kin (de)	брада (ж)	bráda
kaak (de)	вилица (ж)	vílica
wang (de)	образ (м)	óbraz
voorhoofd (het)	чело (с)	čélo
slaap (de)	слепоочница (ж)	slepoóčnica
oor (het)	ухо (с)	úho
achterhoofd (het)	потиљак (м)	pótiljak
hals (de)	врат (м)	vrat
keel (de)	грло (с)	gŕlo
haren (mv.)	коса (ж)	kósa
kapsel (het)	фризура (ж)	frizúra
haarsnit (de)	фризура (ж)	frizúra
pruik (de)	перика (ж)	périka
snor (de)	бркови (мн)	bŕkovi
baard (de)	брада (ж)	bráda
dragen (een baard, enz.)	носити (пг)	nósiti
vlecht (de)	плетеница (ж)	pleténica
bakkebaarden (mv.)	зулуфи (мн)	zulúfi
ros (roodachtig, rossig)	риђ	riđ
grijs (~ haar)	сед	sed
kaal (bn)	ћелав	ćélav
kale plek (de)	ћела (ж)	ćéla

| paardenstaart (de) | реп (м) | rep |
| pony (de) | шишке (мн) | šíške |

62. Menselijk lichaam

| hand (de) | шака (ж) | šáka |
| arm (de) | рука (ж) | rúka |

vinger (de)	прст (м)	pŕst
teen (de)	ножни прст (м)	nóžni pŕst
duim (de)	палац (м)	pálac
pink (de)	мали прст (м)	máli pŕst
nagel (de)	нокат (м)	nókat

vuist (de)	песница (ж)	pésnica
handpalm (de)	длан (м)	dlan
pols (de)	зглоб (м), запешће (с)	zglob, zápešće
voorarm (de)	подлактица (ж)	pódlaktica
elleboog (de)	лакат (м)	lákat
schouder (de)	раме (с)	ráme

been (rechter ~)	нога (ж)	nóga
voet (de)	стопало (с)	stópalo
knie (de)	колено (с)	kóleno
kuit (de)	лист (м)	list
heup (de)	кук (м)	kuk
hiel (de)	пета (ж)	péta

lichaam (het)	тело (с)	télo
buik (de)	трбух (м)	tŕbuh
borst (de)	прса (мн)	pŕsa
borst (de)	груди (мн)	grúdi
zijde (de)	бок (м)	bok
rug (de)	леђа (мн)	léđa
lage rug (de)	крста (ж)	kŕsta
taille (de)	струк (м)	struk

navel (de)	пупак (м)	púpak
billen (mv.)	стражњица (ж)	strážnjica
achterwerk (het)	задњица (ж)	zádnjica

huidvlek (de)	младеж (м)	mládež
moedervlek (de)	белег, младеж (м)	béleg, mládež
tatoeage (de)	тетоважа (ж)	tetováža
litteken (het)	ожиљак (м)	óžiljak

63. Ziekten

ziekte (de)	болест (ж)	bólest
ziek zijn (ww)	боловати (нг)	bolóvati
gezondheid (de)	здравље (с)	zdrávlje
snotneus (de)	кијавица (ж)	kíjavica

angina (de)	ангина (ж)	angína
verkoudheid (de)	прехлада (ж)	préhlada
verkouden raken (ww)	прехладити се	prehláditi se
bronchitis (de)	бронхитис (м)	bronhítis
longontsteking (de)	упала (ж) плућа	úpala plúća
griep (de)	грип (м)	grip
bijziend (bn)	кратковид	kratkóvid
verziend (bn)	далековид	dalekóvid
scheelheid (de)	разрокост (ж)	rázrokost
scheel (bn)	разрок	rázrok
grauwe staar (de)	катаракта (ж)	katarákta
glaucoom (het)	глауком (м)	gláukom
beroerte (de)	мождани удар (м)	móždani údar
hartinfarct (het)	инфаркт (м)	ínfarkt
myocardiaal infarct (het)	инфаркт (м) миокарда	ínfarkt míokarda
verlamming (de)	парализа (ж)	paralíza
verlammen (ww)	парализовати (пг)	parálizovati
allergie (de)	алергија (ж)	alérgija
astma (de/het)	астма (ж)	ástma
diabetes (de)	дијабетес (м)	dijabétes
tandpijn (de)	зубобоља (ж)	zubóbolja
tandbederf (het)	каријес (м)	kárijes
diarree (de)	дијареја (ж), пролив (м)	dijaréja, próliv
constipatie (de)	затвор (м)	zátvor
maagstoornis (de)	лоша пробава (ж)	lóša próbava
voedselvergiftiging (de)	тровање (с)	tróvanje
voedselvergiftiging oplopen	отровати се	otróvati se
artritis (de)	артритис (м)	artrítis
rachitis (de)	рахитис (м)	rahítis
reuma (het)	реуматизам (м)	reumatízam
arteriosclerose (de)	атеросклероза (ж)	ateroskleróza
gastritis (de)	гастритис (м)	gastrítis
blindedarmontsteking (de)	апендицитис (м)	apendicítis
galblaasontsteking (de)	холециститис (м)	holecístitis
zweer (de)	чир (м)	čir
mazelen (mv.)	мале богиње (мн)	mále bóginje
rodehond (de)	рубеола (ж)	rubéola
geelzucht (de)	жутица (ж)	žútica
leverontsteking (de)	хепатитис (м)	hepatítis
schizofrenie (de)	шизофренија (ж)	šizofrénija
dolheid (de)	беснило (с)	bésnilo
neurose (de)	неуроза (ж)	neuróza
hersenschudding (de)	потрес (м) мозга	pótres mózga
kanker (de)	рак (м)	rak
sclerose (de)	склероза (ж)	skleróza

multiple sclerose (de)	мултипла склероза (ж)	múltipla skleróza
alcoholisme (het)	алкохолизам (м)	alkoholízam
alcoholicus (de)	алкохоличар (м)	alkohóličar
syfilis (de)	сифилис (м)	sífilis
AIDS (de)	Сида (ж)	Sída

tumor (de)	тумор (м)	túmor
kwaadaardig (bn)	малигни, злоћудан	máligni, zlóćudan
goedaardig (bn)	доброћудан	dóbroćudan

koorts (de)	грозница (ж)	gróznica
malaria (de)	маларија (ж)	málarija
gangreen (het)	гангрена (ж)	gangréna
zeeziekte (de)	морска болест (ж)	mórska bólest
epilepsie (de)	епилепсија (ж)	epilépsija

epidemie (de)	епидемија (ж)	epidémija
tyfus (de)	тифус (м)	tífus
tuberculose (de)	туберкулоза (ж)	tuberkulóza
cholera (de)	колера (ж)	koléra
pest (de)	куга (ж)	kúga

64. Symptomen. Behandelingen. Deel 1

symptoom (het)	симптом (м)	símptom
temperatuur (de)	температура (ж)	temperatúra
verhoogde temperatuur (de)	висока температура (ж)	vísoka temperatúra
polsslag (de)	пулс (м)	puls

duizeling (de)	вртоглавица (ж)	vrtóglavica
heet (erg warm)	врућ	vruć
koude rillingen (mv.)	језа (ж)	jéza
bleek (bn)	блед	bled

hoest (de)	кашаљ (м)	kášalj
hoesten (ww)	кашљати (нг)	kášljati
niezen (ww)	кијати (нг)	kíjati
flauwte (de)	несвестица (ж)	nésvestica
flauwvallen (ww)	онесвестити се	onesvéstiti se

blauwe plek (de)	модрица (ж)	módrica
buil (de)	чворуга (ж)	čvóruga
zich stoten (ww)	ударити се	údariti se
kneuzing (de)	озледа (ж)	ózleda
kneuzen (gekneusd zijn)	озледити се	ozléditi se

hinken (ww)	храмати (нг)	hrámati
verstuiking (de)	ишчашење (с)	iščašénje
verstuiken (enkel, enz.)	ишчашити (пг)	íščašiti
breuk (de)	прелом (м)	prélom
een breuk oplopen	задобити прелом	zadóbiti prélom

snijwond (de)	посекотина (ж)	posekótina
zich snijden (ww)	порезати се	pórezati se

bloeding (de)	крварење (с)	krvárenje
brandwond (de)	опекотина (ж)	opekótina
zich branden (ww)	опећи се	ópeći se

prikken (ww)	убости (пг)	úbosti
zich prikken (ww)	убости се	úbosti se
blesseren (ww)	повредити (пг)	povréditi
blessure (letsel)	повреда (ж)	póvreda
wond (de)	рана (ж)	rána
trauma (het)	траума (ж)	tráuma

ijlen (ww)	бунцати (нг)	búncati
stotteren (ww)	муцати (нг)	múcati
zonnesteek (de)	сунчаница (ж)	súnčanica

65. Symptomen. Behandelingen. Deel 2

| pijn (de) | бол (ж) | bol |
| splinter (de) | трн (м) | trn |

zweet (het)	зној (м)	znoj
zweten (ww)	знојити се	znójiti se
braking (de)	повраћање (с)	póvraćanje
stuiptrekkingen (mv.)	грчеви (мн)	gŕčevi

zwanger (bn)	трудна	trúdna
geboren worden (ww)	родити се	róditi se
geboorte (de)	порођај (м)	pórođaj
baren (ww)	рађати (пг)	ráđati
abortus (de)	абортус, побачај (м)	abórtus, póbačaj

ademhaling (de)	дисање (с)	dísanje
inademing (de)	удисај (м)	údisaj
uitademing (de)	издах (м)	ízdah
uitademen (ww)	издахнути (нг)	izdáhnuti
inademen (ww)	удисати (нг)	údisati

invalide (de)	инвалид (м)	inválid
gehandicapte (de)	богаљ (м)	bógalj
drugsverslaafde (de)	наркоман (м)	nárkoman

doof (bn)	глув	gluv
stom (bn)	нем	nem
doofstom (bn)	глувонем	glúvonem

krankzinnig (bn)	луд	lud
krankzinnige (man)	лудак (м)	lúdak
krankzinnige (vrouw)	луда (ж)	lúda
krankzinnig worden	полудети (нг)	polúdeti

gen (het)	ген (м)	gen
immuniteit (de)	имунитет (м)	imunítet
erfelijk (bn)	наследни	následni
aangeboren (bn)	урођен	úrođen

virus (het)	вирус (м)	vírus
microbe (de)	микроб (м)	míkrob
bacterie (de)	бактерија (ж)	baktérija
infectie (de)	инфекција (ж)	infékcija

66. Symptomen. Behandelingen. Deel 3

ziekenhuis (het)	болница (ж)	bólnica
patiënt (de)	пацијент (м)	pacíjent
diagnose (de)	дијагноза (ж)	dijagnóza
genezing (de)	лечење (с)	léčenje
medische behandeling (de)	медицински третман (м)	médicinski trétman
onder behandeling zijn	лечити се	léčiti se
behandelen (ww)	лечити (пг)	léčiti
zorgen (zieken ~)	неговати (пг)	négovati
ziekenzorg (de)	нега (ж)	néga
operatie (de)	операција (ж)	operácija
verbinden (een arm ~)	превити (пг)	préviti
verband (het)	превијање (с)	previjanje
vaccin (het)	вакцинација (ж)	vakcinácija
inenten (vaccineren)	вакцинисати (пг)	vakcinísati
injectie (de)	ињекција (ж)	injékcija
een injectie geven	давати ињекцију	dávati injékciju
aanval (de)	напад (м)	nápad
amputatie (de)	ампутација (ж)	amputácija
amputeren (ww)	ампутирати (пг)	amputírati
coma (het)	кома (ж)	kóma
in coma liggen	бити у коми	bíti u kómi
intensieve zorg, ICU (de)	реанимација (ж)	reanimácija
zich herstellen (ww)	оздрављати (нг)	ódzdravljati
toestand (de)	стање (с)	stánje
bewustzijn (het)	свест (ж)	svest
geheugen (het)	памћење (с)	pámćenje
trekken (een kies ~)	вадити (пг)	váditi
vulling (de)	пломба (ж)	plómba
vullen (ww)	пломбирати (пг)	plombírati
hypnose (de)	хипноза (ж)	hipnóza
hypnotiseren (ww)	хипнотизирати (пг)	hipnotizírati

67. Geneeskunde. Medicijnen. Accessoires

geneesmiddel (het)	лек (м)	lek
middel (het)	средство (с)	srédstvo
voorschrijven (ww)	преписивати (пг)	prepisívati
recept (het)	рецепт (м)	récept

tablet (de/het)	таблета (ж)	tabléta
zalf (de)	маст (ж)	mast
ampul (de)	ампула (ж)	ámpula
drank (de)	микстура (ж)	mikstúra
siroop (de)	сируп (м)	sírup
pil (de)	пилула (ж)	pílula
poeder (de/het)	прашак (м)	prášak
verband (het)	завој (м)	závoj
watten (mv.)	вата (ж)	váta
jodium (het)	јод (м)	jod
pleister (de)	фластер (м)	fláster
pipet (de)	пипета (ж)	pipéta
thermometer (de)	термометар (м)	térmometar
spuit (de)	шприц (м)	špric
rolstoel (de)	инвалидска колица (мн)	inválidska kolíca
krukken (mv.)	штаке (мн)	štáke
pijnstiller (de)	аналгетик (м)	analgétik
laxeermiddel (het)	лаксатив (м)	láksativ
spiritus (de)	алкохол (м)	álkohol
medicinale kruiden (mv.)	лековито биље (с)	lékovito bílje
kruiden- (abn)	биљни	bíljni

APPARTEMENT

68. Appartement

appartement (het)	стан (м)	stan
kamer (de)	соба (ж)	sóba
slaapkamer (de)	спаваћа соба (ж)	spávaća sóba
eetkamer (de)	трпезарија (ж)	trpezárija
salon (de)	дневна соба (ж)	dnévna sóba
studeerkamer (de)	кабинет (м)	kabínet
gang (de)	ходник (м)	hódnik
badkamer (de)	купатило (с)	kupátilo
toilet (het)	тоалет (м)	toálet
plafond (het)	плафон (м)	pláfon
vloer (de)	под (м)	pod
hoek (de)	угао, ћошак (м)	úgao, ćóšak

69. Meubels. Interieur

meubels (mv.)	намештај (м)	námeštaj
tafel (de)	сто (м)	sto
stoel (de)	столица (ж)	stólica
bed (het)	кревет (м)	krévet
bankstel (het)	диван (м)	dívan
fauteuil (de)	фотеља (ж)	fotélja
boekenkast (de)	орман (м) за књиге	órman za knjíge
boekenrek (het)	полица (ж)	pólica
kledingkast (de)	орман (м)	órman
kapstok (de)	вешалица (ж)	véšalica
staande kapstok (de)	чивилук (м)	číviluk
commode (de)	комода (ж)	komóda
salontafeltje (het)	столиц (м) за кафу	stólic za kafu
spiegel (de)	огледало (с)	oglédalo
tapijt (het)	тепих (м)	tépih
tapijtje (het)	ћилимче (с)	ćilímče
haard (de)	камин (м)	kámin
kaars (de)	свећа (ж)	svéća
kandelaar (de)	свећњак (м)	svéćnjak
gordijnen (mv.)	завесе (мн)	závese
behang (het)	тапете (мн)	tapéte

jaloezie (de)	ролетна (ж)	róletna
bureaulamp (de)	стона лампа (ж)	stóna lámpa
wandlamp (de)	зидна светиљка (ж)	zídna svétiljka
staande lamp (de)	подна лампа (ж)	pódna lámpa
luchter (de)	лустер (м)	lúster

poot (ov. een tafel, enz.)	нога (ж)	nóga
armleuning (de)	наслон (м) за руку	náslon za rúku
rugleuning (de)	наслон (м)	náslon
la (de)	фиока (ж)	fióka

70. Beddengoed

beddengoed (het)	постељина (ж)	posteljína
kussen (het)	јастук (м)	jástuk
kussenovertrek (de)	јастучница (ж)	jástučnica
deken (de)	јорган (м)	jórgan
laken (het)	чаршав (м)	čáršav
sprei (de)	покривач (м)	pokrívač

71. Keuken

keuken (de)	кухиња (ж)	kúhinja
gas (het)	гас (м)	gas
gasfornuis (het)	плински шпорет (м)	plínski špóret
elektrisch fornuis (het)	електрични шпорет (м)	eléktrični šporet
oven (de)	рерна (ж)	rérna
magnetronoven (de)	микроталасна рерна (ж)	mikrotálasna rérna

koelkast (de)	фрижидер (м)	frížider
diepvriezer (de)	замрзивач (м)	zamrzívač
vaatwasmachine (de)	машина (ж) за прање судова	mašína za pránje súdova

vleesmolen (de)	млин (м) за месо	mlin za méso
vruchtenpers (de)	соковник (м)	sókovnik
toaster (de)	тостер (м)	tóster
mixer (de)	миксер (м)	míkser

koffiemachine (de)	апарат (м) за кафу	apárat za káfu
koffiepot (de)	лонче (с) за кафу	lónče za káfu
koffiemolen (de)	млин (м) за кафу	mlin za káfu

fluitketel (de)	кувало, чајник (м)	kúvalo, čájnik
theepot (de)	чајник (м)	čájnik
deksel (de/het)	поклопац (м)	póklopac
theezeefje (het)	цедиљка (ж)	cédiljka

lepel (de)	кашика (ж)	kášika
theelepeltje (het)	кашичица (ж)	kášičica
eetlepel (de)	супена кашика (ж)	súpena kášika
vork (de)	виљушка (ж)	víljuška

mes (het)	нож (м)	nož
vaatwerk (het)	посуђе (с)	pósuđe
bord (het)	тањир (м)	tánjir
schoteltje (het)	тацна (ж)	tácna

likeurglas (het)	чашица (ж)	čášica
glas (het)	чаша (ж)	čáša
kopje (het)	шоља (ж)	šólja

suikerpot (de)	шећерница (ж)	šéćernica
zoutvat (het)	сланик (м)	slánik
pepervat (het)	биберница (ж)	bíbernica
boterschaaltje (het)	посуда (ж) за маслац	pósuda za máslac

pan (de)	шерпа (ж), лонац (м)	šerpa, lónac
bakpan (de)	тигањ (м)	tíganj
pollepel (de)	кутлача (ж)	kútlača
vergiet (de/het)	цедиљка (ж)	cédiljka
dienblad (het)	послужавник (м)	poslúžavnik

fles (de)	боца, флаша (ж)	bóca, fláša
glazen pot (de)	тегла (ж)	tégla
blik (conserven~)	лименка (ж)	límenka

flesopener (de)	отварач (м)	otvárač
blikopener (de)	отварач (м)	otvárač
kurkentrekker (de)	вадичеп (м)	vádičep
filter (de/het)	филтар (м)	fíltar
filteren (ww)	филтрирати (пг)	filtrírati

huisvuil (het)	смеће, ђубре (с)	smeće, đúbre
vuilnisemmer (de)	канта (ж) за ђубре	kánta za đúbre

72. Badkamer

badkamer (de)	купатило (с)	kupátilo
water (het)	вода (ж)	vóda
kraan (de)	славина (ж)	slávina
warm water (het)	топла вода (ж)	tópla vóda
koud water (het)	хладна вода (ж)	hládna vóda

tandpasta (de)	паста (ж) за зубе	pásta za zúbe
tanden poetsen (ww)	прати зубе	práti zúbe
tandenborstel (de)	четкица (ж) за зубе	čétkica za zúbe

zich scheren (ww)	бријати се	bríjati se
scheercrème (de)	пена (ж) за бријање	péna za bríjanje
scheermes (het)	бријач (м)	bríjač

wassen (ww)	прати (пг)	práti
een bad nemen	купати се	kúpati se
douche (de)	туш (м)	tuš
een douche nemen	туширати се	tušírati se
bad (het)	када (ж)	káda

| toiletpot (de) | ВЦ шоља (ж) | VC šólja |
| wastafel (de) | лавабо (м) | lavábo |

| zeep (de) | сапун (м) | sápun |
| zeepbakje (het) | кутија (ж) за сапун | kútija za sápun |

spons (de)	сунђер (м)	súnđer
shampoo (de)	шампон (м)	šámpon
handdoek (de)	пешкир (м)	péškir
badjas (de)	баде мантил (м)	báde mántil

was (bijv. handwas)	прање (с)	pránje
wasmachine (de)	веш машина (ж)	veš mašína
de was doen	прати веш	práti veš
waspoeder (de)	прашак (м) за веш	prášak za veš

73. Huishoudelijke apparaten

televisie (de)	телевизор (м)	televízor
cassettespeler (de)	касетофон (м)	kasetofon
videorecorder (de)	видео рекордер (м)	vídeo rekórder
radio (de)	радио (м)	rádio
speler (de)	плејер (м)	pléjer

videoprojector (de)	видео пројектор (м)	vídeo projéktor
home theater systeem (het)	кућни биоскоп (м)	kúćni bíoskop
DVD-speler (de)	ДВД плејер (м)	DVD plejer
versterker (de)	појачало (с)	pojáčalo
spelconsole (de)	играћа конзола (ж)	ígraća konzóla

videocamera (de)	видеокамера (ж)	vídeokámera
fotocamera (de)	фотоапарат (м)	fotoapárat
digitale camera (de)	дигитални фотоапарат (м)	dígitalni fotoapárat

stofzuiger (de)	усисивач (м)	usisívač
strijkijzer (het)	пегла (ж)	pégla
strijkplank (de)	даска (ж) за пеглање	dáska za péglanje

telefoon (de)	телефон (м)	teléfon
mobieltje (het)	мобилни телефон (м)	móbilni teléfon
schrijfmachine (de)	писаћа машина (ж)	písaća mašína
naaimachine (de)	шиваћа машина (ж)	šívaća mašína

microfoon (de)	микрофон (м)	míkrofon
koptelefoon (de)	слушалице (мн)	slúšalice
afstandsbediening (de)	даљински управљач (м)	daljínski uprávljač

CD (de)	ЦД диск (м)	CD disk
cassette (de)	касета (ж)	kaséta
vinylplaat (de)	плоча (ж)	plóča

DE AARDE. WEER

74. De kosmische ruimte

kosmos (de)	свемир (м)	svémir
kosmisch (bn)	космички	kósmički
kosmische ruimte (de)	свемирски простор (м)	svémirski próstor
wereld (de)	свет (м)	svet
sterrenstelsel (het)	галаксија (ж)	galáksija
ster (de)	звезда (ж)	zvézda
sterrenbeeld (het)	сазвежђе (с)	sázvežđe
planeet (de)	планета (ж)	planéta
satelliet (de)	сателит (м)	satélit
meteoriet (de)	метеорит (м)	meteórit
komeet (de)	комета (ж)	kométa
asteroïde (de)	астероид (м)	asteróid
baan (de)	путања, орбита (ж)	pútanja, órbita
draaien (om de zon, enz.)	окретати се	okrétati se
atmosfeer (de)	атмосфера (ж)	atmosféra
Zon (de)	Сунце (с)	Súnce
zonnestelsel (het)	Сунчев систем (м)	Súnčev sístem
zonsverduistering (de)	Помрачење (с) Сунца	Pomračénje Súnca
Aarde (de)	Земља (ж)	Zémlja
Maan (de)	Месец (м)	Mésec
Mars (de)	Марс (м)	Mars
Venus (de)	Венера (ж)	Venéra
Jupiter (de)	Јупитер (м)	Júpiter
Saturnus (de)	Сатурн (м)	Sáturn
Mercurius (de)	Меркур (м)	Mérkur
Uranus (de)	Уран (м)	Uran
Neptunus (de)	Нептун (м)	Néptun
Pluto (de)	Плутон (м)	Plúton
Melkweg (de)	Млечни пут (м)	Mléčni put
Grote Beer (de)	Велики медвед (м)	Véliki médved
Poolster (de)	Северњача (ж)	Sevérnjača
marsmannetje (het)	марсовац (м)	marsóvac
buitenaards wezen (het)	ванземаљац (м)	vanzemáljac
bovenaards (het)	свемирац (м)	svemírac
vliegende schotel (de)	летећи тањир (м)	léteći tánjir
ruimtevaartuig (het)	свемирски брод (м)	svémirski brod
ruimtestation (het)	орбитална станица (ж)	órbitalna stánica

start (de)	лансирање (с)	lánsiranje
motor (de)	мотор (м)	mótor
straalpijp (de)	млазница (ж)	mláznica
brandstof (de)	гориво (с)	górivo

cabine (de)	кабина (ж)	kabína
antenne (de)	антена (ж)	anténa
patrijspoort (de)	бродски прозор (м)	bródski prózor
zonnebatterij (de)	соларни панел (м)	sólarni pánel
ruimtepak (het)	скафандар (м)	skafándar

gewichtloosheid (de)	бестежинско стање (с)	béstežinsko stánje
zuurstof (de)	кисеоник (м)	kiseónik

koppeling (de)	пристајање (с)	prístajanje
koppeling maken	спајати се (нг)	spájati se

observatorium (het)	опсерваторија (ж)	opservatórija
telescoop (de)	телескоп (м)	téleskop
waarnemen (ww)	посматрати (нг)	posmátrati
exploreren (ww)	истраживати (пг)	istražívati

75. De Aarde

Aarde (de)	Земља (ж)	Zémlja
aardbol (de)	земљина кугла (ж)	zémljina kúgla
planeet (de)	планета (ж)	planéta

atmosfeer (de)	атмосфера (ж)	atmosféra
aardrijkskunde (de)	географија (ж)	geográfija
natuur (de)	природа (ж)	príroda

wereldbol (de)	глобус (м)	glóbus
kaart (de)	мапа (ж)	mápa
atlas (de)	атлас (м)	átlas

Europa (het)	Европа (ж)	Evrópa
Azië (het)	Азија (ж)	Ázija
Afrika (het)	Африка (ж)	Áfrika
Australië (het)	Аустралија (ж)	Austrálija

Amerika (het)	Америка (ж)	Amérika
Noord-Amerika (het)	Северна Америка (ж)	Séverna Amérika
Zuid-Amerika (het)	Јужна Америка (ж)	Júžna Amérika

Antarctica (het)	Антарктик (м)	Antárktik
Arctis (de)	Арктик (м)	Árktik

76. Windrichtingen

noorden (het)	север (м)	séver
naar het noorden	према северу	préma séveru

in het noorden	на северу	na séveru
noordelijk (bn)	северни	séverni
zuiden (het)	југ (м)	jug
naar het zuiden	према југу	préma júgu
in het zuiden	на југу	na júgu
zuidelijk (bn)	јужни	júžni
westen (het)	запад (м)	západ
naar het westen	према западу	préma západu
in het westen	на западу	na západu
westelijk (bn)	западни	západni
oosten (het)	исток (м)	ístok
naar het oosten	према истоку	préma ístoku
in het oosten	на истоку	na ístoku
oostelijk (bn)	источни	ístočni

77. Zee. Oceaan

zee (de)	море (с)	móre
oceaan (de)	океан (м)	okéan
golf (baai)	залив (м)	záliv
straat (de)	мореуз (м)	móreuz
grond (vaste grond)	копно (с)	kópno
continent (het)	континент (м)	kontínent
eiland (het)	острво (с)	óstrvo
schiereiland (het)	полуострво (с)	poluóstrvo
archipel (de)	архипелаг (м)	arhipélag
baai, bocht (de)	залив (м)	záliv
haven (de)	лука (ж)	lúka
lagune (de)	лагуна (ж)	lagúna
kaap (de)	рт (м)	ŕt
atol (de)	атол (м)	átol
rif (het)	гребен (м)	grében
koraal (het)	корал (м)	kóral
koraalrif (het)	корални гребен (м)	kóralni grében
diep (bn)	дубок	dúbok
diepte (de)	дубина (ж)	dubína
diepzee (de)	бездан (м)	bézdan
trog (bijv. Marianentrog)	ров (м)	rov
stroming (de)	струја (ж)	strúja
omspoelen (ww)	окруживати (пг)	okružívati
oever (de)	обала (ж)	óbala
kust (de)	обала (ж)	óbala
vloed (de)	плима (ж)	plíma
eb (de)	осека (ж)	óseka

ondiepte (ondiep water)	плићак (м)	plíćak
bodem (de)	дно (с)	dno
golf (hoge ~)	талас (м)	tálas
golfkam (de)	гребен (м) таласа	grében talasá
schuim (het)	пена (ж)	péna
orkaan (de)	ураган (м)	úragan
tsunami (de)	цунами (м)	cunámi
windstilte (de)	безветрица (ж)	bézvetrica
kalm (bijv. ~e zee)	миран	míran
pool (de)	пол (м)	pol
polair (bn)	поларни	pólarni
breedtegraad (de)	ширина (ж)	širína
lengtegraad (de)	дужина (ж)	dužína
parallel (de)	паралела (ж)	paraléla
evenaar (de)	екватор (м)	ékvator
hemel (de)	небо (с)	nébo
horizon (de)	хоризонт (м)	horízont
lucht (de)	ваздух (м)	vázduh
vuurtoren (de)	светионик (м)	svetiónik
duiken (ww)	ронити (нг)	róniti
zinken (ov. een boot)	потонути (нг)	potónuti
schatten (mv.)	благо (с)	blágo

78. Namen van zeeën en oceanen

Atlantische Oceaan (de)	Атлантски океан (м)	Átlantski okéan
Indische Oceaan (de)	Индијски океан (м)	Índijski okéan
Stille Oceaan (de)	Тихи океан (м)	Tíhi okéan
Noordelijke IJszee (de)	Северни Ледени океан (м)	Séverni Lédeni okéan
Zwarte Zee (de)	Црно море (с)	Cŕno móre
Rode Zee (de)	Црвено море (с)	Cŕveno móre
Gele Zee (de)	Жуто море (с)	Žúto móre
Witte Zee (de)	Бело море (с)	Bélo móre
Kaspische Zee (de)	Каспијско море (с)	Káspijsko móre
Dode Zee (de)	Мртво море (с)	Mŕtvo móre
Middellandse Zee (de)	Средоземно море (с)	Sredózemno móre
Egeïsche Zee (de)	Егејско море (с)	Egejsko móre
Adriatische Zee (de)	Јадранско море (с)	Jádransko móre
Arabische Zee (de)	Арабијско море (с)	Arábijsko móre
Japanse Zee (de)	Јапанско море (с)	Jápansko móre
Beringzee (de)	Берингово море (с)	Béringovo móre
Zuid-Chinese Zee (de)	Јужно Кинеско море (с)	Južno Kinésko móre
Koraalzee (de)	Корално море (с)	Kóralno more
Tasmanzee (de)	Тасманово море (с)	Tasmánovo móre

Caribische Zee (de)	Карипско море (c)	Káripsko móre
Barentszzee (de)	Баренцово море (c)	Bárencovo móre
Karische Zee (de)	Карско море (c)	Kársko móre

Noordzee (de)	Северно море (c)	Séverno móre
Baltische Zee (de)	Балтичко море (c)	Báltičko móre
Noorse Zee (de)	Норвешко море (c)	Nórveško móre

79. Bergen

berg (de)	планина (ж)	planína
bergketen (de)	планински венац (м)	pláninski vénac
gebergte (het)	планински гребен (м)	pláninski grében

bergtop (de)	врх (м)	vŕh
bergpiek (de)	планински врх (м)	plániski vŕh
voet (ov. de berg)	подножје (c)	pódnožje
helling (de)	нагиб (м), падина (ж)	nágib, pádina

vulkaan (de)	вулкан (м)	vúlkan
actieve vulkaan (de)	активни вулкан (м)	áktivni vúlkan
uitgedoofde vulkaan (de)	угашени вулкан (м)	úgašeni vúlkan

uitbarsting (de)	ерупција (ж)	erúpcija
krater (de)	кратер (м)	kráter
magma (het)	магма (ж)	mágma
lava (de)	лава (ж)	láva
gloeiend (~e lava)	врућ	vruć

kloof (canyon)	кањон (м)	kánjon
bergkloof (de)	клисура (ж)	klisúra
spleet (de)	пукотина (ж)	púkotina
afgrond (de)	амбис, понор (м)	ámbis, pónor

| bergpas (de) | превој (м) | prévoj |
| plateau (het) | висораван (ж) | vísoravan |

| klip (de) | литица (ж) | lítica |
| heuvel (de) | брег (м) | breg |

| gletsjer (de) | леденик (м) | ledénik |
| waterval (de) | водопад (м) | vódopad |

| geiser (de) | гејзер (м) | géjzer |
| meer (het) | језеро (c) | jézero |

vlakte (de)	равница (ж)	ravníca
landschap (het)	пејзаж (м)	péjzaž
echo (de)	одјек (м)	ódjek

alpinist (de)	планинар (м)	planínar
bergbeklimmer (de)	алпиниста (м)	alpinísta
trotseren (berg ~)	освајати (пг)	osvájati
beklimming (de)	пењање (c)	pénjanje

80. Bergen namen

Alpen (de)	Алпи (мн)	Álpi
Mont Blanc (de)	Монблан (м)	Mónblan
Pyreneeën (de)	Пиренеји (мн)	Pirenéji
Karpaten (de)	Карпати (мн)	Karpáti
Oeralgebergte (het)	Уралске планине (мн)	Uralske planíne
Kaukasus (de)	Кавказ (м)	Kávkaz
Elbroes (de)	Елбрус (м)	Elbrus
Altaj (de)	Алтај (м)	Altaj
Tiensjan (de)	Тјен Шан, Тјаншан (м)	Tjen Šan, Tjánšan
Pamir (de)	Памир (м)	Pámir
Himalaya (de)	Хималаји (мн)	Himaláji
Everest (de)	Еверест (м)	Everest
Andes (de)	Анди (мн)	Andi
Kilimanjaro (de)	Килиманџаро (м)	Kilimandžáro

81. Rivieren

rivier (de)	река (ж)	réka
bron (~ van een rivier)	извор (м)	ízvor
rivierbedding (de)	корито (с)	kórito
rivierbekken (het)	слив (м)	sliv
uitmonden in ...	уливати се	ulívati se
zijrivier (de)	притока (ж)	prítoka
oever (de)	обала (ж)	óbala
stroming (de)	ток (м)	tok
stroomafwaarts (bw)	низводно	nízvodno
stroomopwaarts (bw)	узводно	úzvodno
overstroming (de)	поплава (ж)	póplava
overstroming (de)	поводањ (м)	póvodanj
buiten zijn oevers treden	изливати се	izlívati se
overstromen (ww)	преплавити (пг)	prepláviti
zandbank (de)	плићак (м)	plíćak
stroomversnelling (de)	брзак (м)	br̄zak
dam (de)	брана (ж)	brána
kanaal (het)	канал (м)	kánal
spaarbekken (het)	вештачко језеро (с)	véštačko jézero
sluis (de)	преводница (ж)	prévodnica
waterlichaam (het)	резервоар (м)	rezervóar
moeras (het)	мочвара (ж)	móčvara
broek (het)	баруштина (ж)	báruština
draaikolk (de)	вртлог (м)	vŕtlog
stroom (de)	поток (м)	pótok

| drink- (abn) | питка | pítka |
| zoet (~ water) | слатка | slátka |

| ijs (het) | лед (м) | led |
| bevriezen (rivier, enz.) | смрзнути се | smŕznuti se |

82. Namen van rivieren

| Seine (de) | Сена (ж) | Séna |
| Loire (de) | Лоара (ж) | Loára |

Theems (de)	Темза (ж)	Témza
Rijn (de)	Рајна (ж)	Rájna
Donau (de)	Дунав (м)	Dúnav

Wolga (de)	Волга (ж)	Vólga
Don (de)	Дон (м)	Don
Lena (de)	Лена (ж)	Léna

Gele Rivier (de)	Хуангхе (м)	Huánghe
Blauwe Rivier (de)	Јангце (м)	Jangcé
Mekong (de)	Меконг (м)	Mékong
Ganges (de)	Ганг (м)	Gang

Nijl (de)	Нил (м)	Nil
Kongo (de)	Конго (м)	Kóngo
Okavango (de)	Окаванго (м)	Okavángo
Zambezi (de)	Замбези (м)	Zambézi
Limpopo (de)	Лимпопо (м)	Limpópo
Mississippi (de)	Мисисипи (м)	Misisípi

83. Bos

| bos (het) | шума (ж) | šúma |
| bos- (abn) | шумски | šúmski |

oerwoud (dicht bos)	честар (м)	čéstar
bosje (klein bos)	шумарак (м)	šumárak
open plek (de)	пропланак (м)	próplanak

| struikgewas (het) | шипраг (м), шикара (ж) | šíprag, šíkara |
| struiken (mv.) | жбуње (с) | žbúnje |

| paadje (het) | стаза (ж) | stáza |
| ravijn (het) | јаруга (ж) | járuga |

boom (de)	дрво (с)	dŕvo
blad (het)	лист (м)	list
gebladerte (het)	лишће (с)	líšće

| vallende bladeren (mv.) | листопад (м) | lístopad |
| vallen (ov. de bladeren) | опадати (нг) | ópadati |

boomtop (de)	врх (м)	vŕh
tak (de)	грана (ж)	grána
ent (de)	грана (ж)	grána
knop (de)	пупољак (м)	púpoljak
naald (de)	иглица (ж)	íglica
dennenappel (de)	шишарка (ж)	šíšarka

boom holte (de)	дупља (ж)	dúplja
nest (het)	гнездо (с)	gnézdo
hol (het)	јазбина, рупа (ж)	jázbina, rúpa

stam (de)	стабло (с)	stáblo
wortel (bijv. boom~s)	корен (м)	kóren
schors (de)	кора (ж)	kóra
mos (het)	маховина (ж)	máhovina

ontwortelen (een boom)	крчити (пг)	kŕčiti
kappen (een boom ~)	сећи (пг)	séći
ontbossen (ww)	крчити шуму	krčiti šúmu
stronk (de)	пањ (м)	panj

kampvuur (het)	логорска ватра (ж)	lógorska vátra
bosbrand (de)	шумски пожар (м)	šúmski póžar
blussen (ww)	гасити (пг)	gásiti

boswachter (de)	шумар (м)	šúmar
bescherming (de)	заштита (ж)	záštita
beschermen (bijv. de natuur ~)	штитити (пг)	štítiti
stroper (de)	ловокрадица (м)	lovokrádica
val (de)	замка (ж)	zámka

| plukken (vruchten, enz.) | брати (пг) | bráti |
| verdwalen (de weg kwijt zijn) | залутати (нг) | zalútati |

84. Natuurlijke hulpbronnen

natuurlijke rijkdommen (mv.)	природна богатства (мн)	prírodna bógatstva
delfstoffen (mv.)	рудна богатства (мн)	rúdna bógatstva
lagen (mv.)	лежишта (мн)	léžišta
veld (bijv. olie~)	налазиште (с)	nálazište

winnen (uit erts ~)	добијати (пг)	dobíjati
winning (de)	добијање (с)	dobíjanje
erts (het)	руда (ж)	rúda
mijn (bijv. kolenmijn)	рудник (м)	rúdnik
mijnschacht (de)	рударско окно (с)	rúdarsko ókno
mijnwerker (de)	рудар (м)	rúdar

| gas (het) | гас (м) | gas |
| gasleiding (de) | плиновод (м) | plínovod |

| olie (aardolie) | нафта (ж) | náfta |
| olieleiding (de) | нафтовод (м) | náftovod |

oliebron (de)	нафтна бушотина (ж)	náftna búšotina
boortoren (de)	нафтна платформа (ж)	náftna plátforma
tanker (de)	танкер (м)	tánker

zand (het)	песак (м)	pésak
kalksteen (de)	кречњак (м)	kréčnjak
grind (het)	шљунак (м)	šljúnak
veen (het)	тресет (м)	tréset
klei (de)	глина (ж)	glína
steenkool (de)	угаљ (м)	úgalj

ijzer (het)	гвожђе (с)	gvóžđe
goud (het)	злато (с)	zláto
zilver (het)	сребро (с)	srébro
nikkel (het)	никл (м)	nikl
koper (het)	бакар (м)	bákar

zink (het)	цинк (м)	cink
mangaan (het)	манган (м)	mángan
kwik (het)	жива (ж)	žíva
lood (het)	олово (с)	ólovo

mineraal (het)	минерал (м)	míneral
kristal (het)	кристал (м)	krístal
marmer (het)	мермер, мрамор (м)	mérmer, mrámor
uraan (het)	уран (м)	úran

85. Weer

weer (het)	време (с)	vréme
weersvoorspelling (de)	временска прогноза (ж)	vrémenska prognóza
temperatuur (de)	температура (ж)	temperatúra
thermometer (de)	термометар (м)	térmometar
barometer (de)	барометар (м)	bárometar

vochtig (bn)	влажан	vlážan
vochtigheid (de)	влажност (ж)	vlážnost
hitte (de)	вручина (ж)	vrućína
heet (bn)	вруч	vruć
het is heet	вруће је	vrúće je

| het is warm | топло је | tóplo je |
| warm (bn) | топао | tópao |

| het is koud | хладно је | hládno je |
| koud (bn) | хладан | hládan |

zon (de)	сунце (с)	súnce
schijnen (de zon)	сијати (нг)	síjati
zonnig (~e dag)	сунчан	súnčan
opgaan (ov. de zon)	изаћи (нг)	ízaći
ondergaan (ww)	заћи (нг)	záći
wolk (de)	облак (м)	óblak
bewolkt (bn)	облачан	óblačan

| regenwolk (de) | кишни облак (м) | kíšni óblak |
| somber (bn) | тmuran | tmúran |

regen (de)	киша (ж)	kíša
het regent	пада киша	páda kíša
regenachtig (bn)	кишовит	kišóvit
motregenen (ww)	сипити (нг)	sípiti

plensbui (de)	пљусак (м)	pljúsak
stortbui (de)	пљусак (м)	pljúsak
hard (bn)	jak	jak
plas (de)	бара (ж)	bára
nat worden (ww)	покиснути (нг)	pókisnuti

mist (de)	магла (ж)	mágla
mistig (bn)	магловит	maglóvit
sneeuw (de)	снег (м)	sneg
het sneeuwt	пада снег	páda sneg

86. Zwaar weer. Natuurrampen

noodweer (storm)	олуја (ж)	olúja
bliksem (de)	муња (ж)	múnja
flitsen (ww)	севати (нг)	sévati

donder (de)	гром (м)	grom
donderen (ww)	грмети (нг)	gŕmeti
het dondert	грми	gŕmi

| hagel (de) | град (м) | grad |
| het hagelt | пада град | páda grad |

| overstromen (ww) | поплавити (пг) | póplaviti |
| overstroming (de) | поплава (ж) | póplava |

aardbeving (de)	земљотрес (м)	zémljotres
aardschok (de)	потрес (м)	pótres
epicentrum (het)	епицентар (м)	epicéntar

| uitbarsting (de) | ерупција (ж) | erúpcija |
| lava (de) | лава (ж) | láva |

wervelwind (de)	вихор (м)	víhor
windhoos (de)	торнадо (м)	tórnado
tyfoon (de)	тајфун (м)	tájfun

orkaan (de)	ураган (м)	úragan
storm (de)	олуја (ж)	olúja
tsunami (de)	цунами (м)	cunámi

cycloon (de)	циклон (м)	cíklon
onweer (het)	невреме (с)	névreme
brand (de)	пожар (м)	póžar
ramp (de)	катастрофа (ж)	katastrófa

meteoriet (de)	метеорит (м)	meteórit
lawine (de)	лавина (ж)	lávina
sneeuwverschuiving (de)	усов (м)	úsov
sneeuwjacht (de)	мећава (ж)	méćava
sneeuwstorm (de)	мећава, вејавица (ж)	méćava, véjavica

FAUNA

87. Zoogdieren. Roofdieren

roofdier (het)	предатор, грабљивац (м)	prédator, grábljivac
tijger (de)	тигар (м)	tígar
leeuw (de)	лав (м)	lav
wolf (de)	вук (м)	vuk
vos (de)	лисица (ж)	lísica
jaguar (de)	jaгуар (м)	jáguar
luipaard (de)	леопард (м)	léopard
jachtluipaard (de)	гепард (м)	gépard
panter (de)	пантер (м)	pánter
poema (de)	пума (ж)	púma
sneeuwluipaard (de)	снежни леопард (м)	snéžni léopard
lynx (de)	рис (м)	ris
coyote (de)	којот (м)	kójot
jakhals (de)	шакал (м)	šákal
hyena (de)	хијена (ж)	hijéna

88. Wilde dieren

dier (het)	животиња (ж)	živótinja
beest (het)	звер (м)	zver
eekhoorn (de)	веверица (ж)	véverica
egel (de)	јеж (м)	jež
haas (de)	зец (м)	zec
konijn (het)	кунић (м)	kúnić
das (de)	јазавац (м)	jázavac
wasbeer (de)	ракун (м)	rákun
hamster (de)	хрчак (м)	hŕčak
marmot (de)	мрмот (м)	mŕmot
mol (de)	кртица (ж)	kŕtica
muis (de)	миш (ж)	miš
rat (de)	пацов (м)	pácov
vleermuis (de)	слепи миш (м)	slépi miš
hermelijn (de)	хермелин (м)	hérmelin
sabeldier (het)	самур (м)	sámur
marter (de)	куна (ж)	kúna
wezel (de)	ласица (ж)	lásica
nerts (de)	нерц, визон (м)	nerc, vízon

bever (de)	дабар (м)	dábar
otter (de)	видра (ж)	vídra
paard (het)	коњ (м)	konj
eland (de)	лос (м)	los
hert (het)	јелен (м)	jélen
kameel (de)	камила (ж)	kámila
bizon (de)	бизон (м)	bízon
wisent (de)	зубар (м)	zúbar
buffel (de)	бивол (м)	bívol
zebra (de)	зебра (ж)	zébra
antilope (de)	антилопа (ж)	antilópa
ree (de)	срна (ж)	sŕna
damhert (het)	јелен лопатар (м)	jélen lópatar
gems (de)	дивокоза (ж)	dívokoza
everzwijn (het)	вепар (м)	vépar
walvis (de)	кит (м)	kit
rob (de)	фока (ж)	fóka
walrus (de)	морж (м)	morž
zeebeer (de)	фока (ж)	fóka
dolfijn (de)	делфин (м)	délfin
beer (de)	медвед (м)	médved
ijsbeer (de)	бели медвед (м)	béli médved
panda (de)	панда (ж)	pánda
aap (de)	мајмун (м)	májmun
chimpansee (de)	шимпанза (ж)	šimpánza
orang-oetan (de)	орангутан (м)	orangútan
gorilla (de)	горила (ж)	goríla
makaak (de)	макаки (м)	makáki
gibbon (de)	гибон (м)	gíbon
olifant (de)	слон (м)	slon
neushoorn (de)	носорог (м)	nósorog
giraffe (de)	жирафа (ж)	žiráfa
nijlpaard (het)	нилски коњ (м)	nílski konj
kangoeroe (de)	кенгур (м)	kéngur
koala (de)	коала (ж)	koála
mangoest (de)	мунгос (м)	múngos
chinchilla (de)	чинчила (ж)	čínčila
stinkdier (het)	твор (м)	tvor
stekelvarken (het)	дикобраз (м)	díkobraz

89. Huisdieren

poes (de)	мачка (ж)	máčka
kater (de)	мачак (м)	máčak
hond (de)	пас (м)	pas

paard (het)	коњ (м)	konj
hengst (de)	ждребац (м)	ždrébac
merrie (de)	кобила (ж)	kóbila
koe (de)	крава (ж)	kráva
bul, stier (de)	бик (м)	bik
os (de)	во (м)	vo
schaap (het)	овца (ж)	óvca
ram (de)	ован (м)	óvan
geit (de)	коза (ж)	kóza
bok (de)	јарац (м)	járac
ezel (de)	магарац (м)	mágarac
muilezel (de)	мазга (ж)	mázga
varken (het)	свиња (ж)	svínja
biggetje (het)	прасе (с)	práse
konijn (het)	кунић, домаћи зец (м)	kúnić, dómaći zec
kip (de)	кокош (ж)	kókoš
haan (de)	певац (м)	pévac
eend (de)	патка (ж)	pátka
woerd (de)	патак (м)	pátak
gans (de)	гуска (ж)	gúska
kalkoen haan (de)	ћуран (м)	ćúran
kalkoen (de)	ћурка (ж)	ćúrka
huisdieren (mv.)	домаће животиње (мн)	domáće živótinje
tam (bijv. hamster)	питом	pítom
temmen (tam maken)	припитомљивати (пг)	pripitomljívati
fokken (bijv. paarden ~)	узгајати (пг)	uzgájati
boerderij (de)	фарма (ж)	fárma
gevogelte (het)	живина (ж)	živína
rundvee (het)	стока (ж)	stóka
kudde (de)	стадо (с)	stádo
paardenstal (de)	штала (ж)	štála
zwijnenstal (de)	свињац (м)	svínjac
koeienstal (de)	стаја (ж)	stája
konijnenhok (het)	зечињак (м)	zéčinjak
kippenhok (het)	кокошињац (м)	kókošinjac

90. Vogels

vogel (de)	птица (ж)	ptíca
duif (de)	голуб (м)	gólub
mus (de)	врабац (м)	vrábac
koolmees (de)	сеница (ж)	sénica
ekster (de)	сврака (ж)	svráka
raaf (de)	гавран (м)	gávran

kraai (de)	врана (ж)	vrána
kauw (de)	чавка (ж)	čávka
roek (de)	гачац (м)	gáčac
eend (de)	патка (ж)	pátka
gans (de)	гуска (ж)	gúska
fazant (de)	фазан (м)	fázan
arend (de)	орао (м)	órao
havik (de)	јастреб (м)	jástreb
valk (de)	соко (м)	sóko
gier (de)	суп (м)	sup
condor (de)	кондор (м)	kóndor
zwaan (de)	лабуд (м)	lábud
kraanvogel (de)	ждрал (м)	ždral
ooievaar (de)	рода (ж)	róda
papegaai (de)	папагај (м)	papágaj
kolibrie (de)	колибри (м)	kolíbri
pauw (de)	паун (м)	páun
struisvogel (de)	нoj (м)	noj
reiger (de)	чапља (ж)	čáplja
flamingo (de)	фламинго (м)	flamíngo
pelikaan (de)	пеликан (м)	pelíkan
nachtegaal (de)	славуj (м)	slávuj
zwaluw (de)	ластавица (ж)	lástavica
lijster (de)	дрозд (м)	drozd
zanglijster (de)	дрозд певач (м)	drozd peváč
merel (de)	кос (м)	kos
gierzwaluw (de)	брегуница (ж)	brégunica
leeuwerik (de)	шева (ж)	šéva
kwartel (de)	препелица (ж)	prépelica
specht (de)	детлић (м)	détlić
koekoek (de)	кукавица (ж)	kúkavica
uil (de)	сова (ж)	sóva
oehoe (de)	совуљага (ж)	sovúljaga
auerhoen (het)	велики тетреб (м)	véliki tétreb
korhoen (het)	мали тетреб (м)	máli tétreb
patrijs (de)	јаребица (ж)	jarébica
spreeuw (de)	чворак (м)	čvórak
kanarie (de)	канаринац (м)	kanarínac
hazelhoen (het)	лештарка (ж)	léštarka
vink (de)	зеба (ж)	zéba
goudvink (de)	зимовка (ж)	zímovka
meeuw (de)	галеб (м)	gáleb
albatros (de)	албатрос (м)	álbatros
pinguïn (de)	пингвин (м)	píngvin

91. Vis. Zeedieren

brasem (de)	деверика (ж)	devérika
karper (de)	шаран (м)	šáran
baars (de)	гргеч (м)	gŕgeč
meerval (de)	сом (м)	som
snoek (de)	штука (ж)	štúka

zalm (de)	лосос (м)	lósos
steur (de)	јесетра (ж)	jésetra

haring (de)	харинга (ж)	háringa
atlantische zalm (de)	атлантски лосос (м)	átlantski lósos
makreel (de)	скуша (ж)	skúša
platvis (de)	лист (м)	list

snoekbaars (de)	смуђ (м)	smuđ
kabeljauw (de)	бакалар (м)	bakálar
tonijn (de)	туна (ж), туњ (м)	tuna, tunj
forel (de)	пастрмка (ж)	pástrmka

paling (de)	јегуља (ж)	jégulja
sidderrog (de)	ража (ж)	ráža
murene (de)	мурина (ж)	múrina
piranha (de)	пирана (ж)	pirána

haai (de)	ајкула (ж)	ájkula
dolfijn (de)	делфин (м)	délfin
walvis (de)	кит (м)	kit

krab (de)	краба (ж)	krába
kwal (de)	медуза (ж)	medúza
octopus (de)	хоботница (ж)	hóbotnica

zeester (de)	морска звезда (ж)	mórska zvézda
zee-egel (de)	морски јеж (м)	mórski jež
zeepaardje (het)	морски коњић (м)	mórski kónjić

oester (de)	острига (ж)	óstriga
garnaal (de)	шкамп (м)	škamp
kreeft (de)	хлап (м)	hlap
langoest (de)	јастог (м)	jástog

92. Amfibieën. Reptielen

slang (de)	змија (ж)	zmíja
giftig (slang)	отрован	ótrovan

adder (de)	шарка (ж)	šárka
cobra (de)	кобра (ж)	kóbra
python (de)	питон (м)	píton
boa (de)	удав (м)	údav
ringslang (de)	белоушка (ж)	beloúška

| ratelslang (de) | звечарка (ж) | zvéčarka |
| anaconda (de) | анаконда (ж) | anakónda |

hagedis (de)	гуштер (м)	gúšter
leguaan (de)	игуана (ж)	iguána
varaan (de)	варан (м)	váran
salamander (de)	даждевњак (м)	daždévnjak
kameleon (de)	камелеон (м)	kaméleon
schorpioen (de)	шкорпија (ж)	škórpija

schildpad (de)	корњача (ж)	kórnjača
kikker (de)	жаба (ж)	žába
pad (de)	крастача (ж)	krástača
krokodil (de)	крокодил (м)	krokódil

93. Insecten

insect (het)	инсект (м)	ínsekt
vlinder (de)	лептир (м)	léptir
mier (de)	мрав (м)	mrav
vlieg (de)	мува (ж)	múva
mug (de)	комарац (м)	komárac
kever (de)	буба (ж)	búba

wesp (de)	оса (ж)	ósa
bij (de)	пчела (ж)	pčéla
hommel (de)	бумбар (м)	búmbar
horzel (de)	обад (м)	óbad

| spin (de) | паук (м) | páuk |
| spinnenweb (het) | паучина (ж) | páučina |

libel (de)	вилин коњиц (м)	vílin kónjic
sprinkhaan (de)	скакавац (м)	skákavac
nachtvlinder (de)	мољац (м)	móljac

kakkerlak (de)	бубашваба (ж)	bubašvába
teek (de)	крпељ (м)	kŕpelj
vlo (de)	бува (ж)	búva
kriebelmug (de)	мушица (ж)	múšica

treksprinkhaan (de)	миграторни скакавац (м)	mígratorni skákavac
slak (de)	пуж (м)	puž
krekel (de)	цврчак (м)	cvŕčak
glimworm (de)	свитац (м)	svítac
lieveheersbeestje (het)	бубамара (ж)	bubamára
meikever (de)	гундељ (м)	gúndelj

bloedzuiger (de)	пијавица (ж)	píjavica
rups (de)	гусеница (ж)	gúsenica
aardworm (de)	црв (м)	cŕv
larve (de)	ларва (ж)	lárva

FLORA

94. Bomen

boom (de)	дрво (c)	dŕvo
loof- (abn)	листопадно	lístopadno
dennen- (abn)	четинарско	četinarsko
groenblijvend (bn)	зимзелено	zímzeleno
appelboom (de)	јабука (ж)	jábuka
perenboom (de)	крушка (ж)	krúška
zoete kers (de)	трешња (ж)	tréšnja
zure kers (de)	вишња (ж)	víšnja
pruimelaar (de)	шљива (ж)	šljíva
berk (de)	бреза (ж)	bréza
eik (de)	храст (м)	hrast
linde (de)	липа (ж)	lípa
esp (de)	јасика (ж)	jásika
esdoorn (de)	јавор (м)	jávor
spar (de)	јела (ж)	jéla
den (de)	бор (м)	bor
lariks (de)	ариш (м)	áriš
zilverspar (de)	јела (ж)	jéla
ceder (de)	кедар (м)	kédar
populier (de)	топола (ж)	topóla
lijsterbes (de)	јаребика (ж)	járebika
wilg (de)	врба (ж)	vŕba
els (de)	јова (ж)	jóva
beuk (de)	буква (ж)	búkva
iep (de)	брест (м)	brest
es (de)	јасен (м)	jásen
kastanje (de)	кестен (м)	késten
magnolia (de)	магнолија (ж)	magnólija
palm (de)	палма (ж)	pálma
cipres (de)	чемпрес (м)	čémpres
mangrove (de)	мангрово дрво (c)	mángrovo dŕvo
baobab (apenbroodboom)	баобаб (м)	báobab
eucalyptus (de)	еукалиптус (м)	eukalíptus
mammoetboom (de)	секвоја (ж)	sekvója

95. Heesters

| struik (de) | грм, жбун (м) | gŕm, žbun |
| heester (de) | жбун (м) | žbun |

wijnstok (de)	винова лоза (ж)	vínova lóza
wijngaard (de)	виноград (м)	vínograd

frambozenstruik (de)	малина (ж)	málina
zwarte bes (de)	црна рибизла (ж)	cŕna ríbizla
rode bessenstruik (de)	црвена рибизла (ж)	crvéna ríbizla
kruisbessenstruik (de)	огрозд (м)	ógrozd

acacia (de)	багрем (м)	bágrem
zuurbes (de)	жутика, шимширика (ж)	žútika, šimšírika
jasmijn (de)	јасмин (м)	jásmin

jeneverbes (de)	клека (ж)	kléka
rozenstruik (de)	ружин грм (м)	rúžin gŕm
hondsroos (de)	шипак (м)	šípak

96. Vruchten. Bessen

vrucht (de)	воћка (ж)	vóćka
vruchten (mv.)	воће, плодови (мн)	vóće, plódovi
appel (de)	јабука (ж)	jábuka
peer (de)	крушка (ж)	krúška
pruim (de)	шљива (ж)	šljíva

aardbei (de)	јагода (ж)	jágoda
zure kers (de)	вишња (ж)	víšnja
zoete kers (de)	трешња (ж)	tréšnja
druif (de)	грожђе (с)	gróžđe

framboos (de)	малина (ж)	málina
zwarte bes (de)	црна рибизла (ж)	cŕna ríbizla
rode bes (de)	црвена рибизла (ж)	crvéna ríbizla
kruisbes (de)	огрозд (м)	ógrozd
veenbes (de)	брусница (ж)	brúsnica

sinaasappel (de)	наранџа (ж)	nárandža
mandarijn (de)	мандарина (ж)	mandarína
ananas (de)	ананас (м)	ánanas

banaan (de)	банана (ж)	banána
dadel (de)	урма (ж)	úrma

citroen (de)	лимун (м)	límun
abrikoos (de)	кајсија (ж)	kájsija
perzik (de)	бресква (ж)	bréskva

kiwi (de)	киви (м)	kívi
grapefruit (de)	грејпфрут (м)	gréjpfrut

bes (de)	бобица (ж)	bóbica
bessen (mv.)	бобице (мн)	bóbice
vossenbes (de)	брусница (ж)	brúsnica
bosaardbei (de)	шумска јагода (ж)	šúmska jágoda
blauwe bosbes (de)	боровница (ж)	boróvnica

97. Bloemen. Planten

bloem (de)	цвет (м)	cvet
boeket (het)	букет (м)	búket
roos (de)	ружа (ж)	rúža
tulp (de)	тулипан (м)	tulípan
anjer (de)	каранфил (м)	karánfil
gladiool (de)	гладиола (ж)	gladióla
korenbloem (de)	различак (м)	razlíčak
klokje (het)	звонце (с)	zvónce
paardenbloem (de)	маслачак (м)	masláčak
kamille (de)	камилица (ж)	kamílica
aloë (de)	алоја (ж)	áloja
cactus (de)	кактус (м)	káktus
ficus (de)	фикус (м)	fíkus
lelie (de)	љиљан (м)	ljíljan
geranium (de)	гераниум, здравац (м)	geránium, zdrávac
hyacint (de)	зумбул (м)	zúmbul
mimosa (de)	мимоза (ж)	mimóza
narcis (de)	нарцис (м)	nárcis
Oost-Indische kers (de)	драгољуб (м)	drágoljub
orchidee (de)	орхидеја (ж)	orhidéja
pioenroos (de)	божур (м)	bóžur
viooltje (het)	љубичица (ж)	ljubičíca
driekleurig viooltje (het)	дан и ноћ	dan i noć
vergeet-mij-nietje (het)	споменак (м)	spoménak
madeliefje (het)	красуљак (м)	krasúljak
papaver (de)	мак (м)	mak
hennep (de)	конопља (ж)	kónoplja
munt (de)	нана, метвица (ж)	nána, métvica
lelietje-van-dalen (het)	ђурђевак (м)	đurđévak
sneeuwklokje (het)	висибаба (ж)	vísibaba
brandnetel (de)	коприва (ж)	kópriva
veldzuring (de)	кисељак (м)	kiséljak
waterlelie (de)	локвањ (м)	lókvanj
varen (de)	папрат (ж)	páprat
korstmos (het)	лишај (м)	líšaj
oranjerie (de)	стакленик (м)	stáklenik
gazon (het)	травњак (м)	trávnjak
bloemperk (het)	цветна леја (ж)	cvétna léja
plant (de)	биљка (ж)	bíljka
gras (het)	трава (ж)	tráva
grasspriet (de)	травчица (ж)	trávčica

blad (het)	лист (м)	list
bloemblad (het)	латица (ж)	lática
stengel (de)	стабљика (ж)	stábljika
knol (de)	гомољ (м)	gómolj

| scheut (de) | изданак (м) | ízdanak |
| doorn (de) | трн (м) | trn |

bloeien (ww)	цветати (нг)	cvétati
verwelken (ww)	венути (нг)	vénuti
geur (de)	мирис (м)	míris
snijden (bijv. bloemen ~)	одсећи (пг)	ódseći
plukken (bloemen ~)	убрати (пг)	ubráti

98. Granen, graankorrels

graan (het)	зрно (с)	zŕno
graangewassen (mv.)	житарице (мн)	žitárice
aar (de)	клас (м)	klas

tarwe (de)	пшеница (ж)	pšénica
rogge (de)	раж (ж)	raž
haver (de)	овас (м)	óvas
gierst (de)	просо (с)	próso
gerst (de)	јечам (м)	jéčam

maïs (de)	кукуруз (м)	kukúruz
rijst (de)	пиринач (м)	pírinač
boekweit (de)	хељда (ж)	héljda

erwt (de)	грашак (м)	grášak
nierboon (de)	пасуљ (м)	pásulj
soja (de)	соја (ж)	sója
linze (de)	сочиво (с)	sóčivo
bonen (mv.)	махунарке (мн)	mahúnarke

LANDEN VAN DE WERELD

99. Landen. Deel 1

Afghanistan (het)	Авганистан (м)	Avganístan
Albanië (het)	Албанија (ж)	Albánija
Argentinië (het)	Аргентина (ж)	Argentína
Armenië (het)	Јерменија (ж)	Jérmenija
Australië (het)	Аустралија (ж)	Austrálija
Azerbeidzjan (het)	Азербејџан (м)	Azerbéjdžan
Bahama's (mv.)	Бахами (мн)	Bahámi
Bangladesh (het)	Бангладеш (м)	Bángladeš
België (het)	Белгија (ж)	Bélgija
Bolivia (het)	Боливија (ж)	Bolívija
Bosnië en Herzegovina (het)	Босна и Херцеговина (ж)	Bósna i Hércegovina
Brazilië (het)	Бразил (м)	Brázil
Bulgarije (het)	Бугарска (ж)	Búgarska
Cambodja (het)	Камбоџа (ж)	Kambódža
Canada (het)	Канада (ж)	Kanada
Chili (het)	Чиле (м)	Číle
China (het)	Кина (ж)	Kína
Colombia (het)	Колумбија (ж)	Kolúmbija
Cuba (het)	Куба (ж)	Kúba
Cyprus (het)	Кипар (м)	Kípar
Denemarken (het)	Данска (ж)	Dánska
Dominicaanse Republiek (de)	Доминиканска република (ж)	Dominikanska repúblika
Duitsland (het)	Немачка (ж)	Némačka
Ecuador (het)	Еквадор (м)	Ekvador
Egypte (het)	Египат (м)	Egipat
Engeland (het)	Енглеска (ж)	Engleska
Estland (het)	Естонија (ж)	Estonija
Finland (het)	Финска (ж)	Fínska
Frankrijk (het)	Француска (ж)	Fráncuska
Frans-Polynesië	Француска Полинезија (ж)	Fráncuska Polinézija
Georgië (het)	Грузија (ж)	Grúzija
Ghana (het)	Гана (ж)	Gána
Griekenland (het)	Грчка (ж)	Gŕčka
Groot-Brittannië (het)	Велика Британија (ж)	Vélika Brítanija
Haïti (het)	Хаити (м)	Haiti
Hongarije (het)	Мађарска (ж)	Máďarska
Ierland (het)	Ирска (ж)	Irska
IJsland (het)	Исланд (м)	Island
India (het)	Индија (ж)	Índija
Indonesië (het)	Индонезија (ж)	Indonezija

Irak (het)	Ирак (м)	Irak
Iran (het)	Иран (м)	Iran
Israël (het)	Израел (м)	Izrael
Italië (het)	Италија (ж)	Itálija

100. Landen. Deel 2

Jamaica (het)	Јамајка (ж)	Jamájka
Japan (het)	Јапан (м)	Jápan
Jordanië (het)	Јордан (м)	Jórdan
Kazakstan (het)	Казахстан (м)	Kázahstan
Kenia (het)	Кенија (ж)	Kénija
Kirgizië (het)	Киргистан (м)	Kírgistan
Koeweit (het)	Кувајт (м)	Kúvajt
Kroatië (het)	Хрватска (ж)	Hrvátska
Laos (het)	Лаос (м)	Láos
Letland (het)	Летонија (ж)	Létonija
Libanon (het)	Либан (м)	Líban
Libië (het)	Либија (ж)	Líbija
Liechtenstein (het)	Лихтенштајн (м)	Líhtenštajn
Litouwen (het)	Литванија (ж)	Litvánija
Luxemburg (het)	Луксембург (м)	Lúksemburg
Macedonië (het)	Македонија (ж)	Mákedonija
Madagaskar (het)	Мадагаскар (м)	Madagáskar
Maleisië (het)	Малезија (ж)	Malézija
Malta (het)	Малта (ж)	Málta
Marokko (het)	Мароко (м)	Maróko
Mexico (het)	Мексико (м)	Méksiko
Moldavië (het)	Молдавија (ж)	Moldávija
Monaco (het)	Монако (м)	Mónako
Mongolië (het)	Монголија (ж)	Móngolija
Montenegro (het)	Црна Гора (ж)	Cŕna Góra
Myanmar (het)	Мјанмар (м)	Mjánmar
Namibië (het)	Намибија (ж)	Námibija
Nederland (het)	Низоземска (ж)	Nízozemska
Nepal (het)	Непал (м)	Népal
Nieuw-Zeeland (het)	Нови Зеланд (м)	Nóvi Zéland
Noord-Korea (het)	Северна Кореја (ж)	Séverna Koréja
Noorwegen (het)	Норвешка (ж)	Nórveška
Oekraïne (het)	Украјина (ж)	Úkrajina
Oezbekistan (het)	Узбекистан (м)	Uzbekistan
Oostenrijk (het)	Аустрија (ж)	Áustrija

101. Landen. Deel 3

Pakistan (het)	Пакистан (м)	Pákistan
Palestijnse autonomie (de)	Палестина (ж)	Palestína
Panama (het)	Панама (ж)	Pánama

Paraguay (het)	Парагвај (м)	Páragvaj
Peru (het)	Перу (м)	Péru
Polen (het)	Пољска (ж)	Póljska
Portugal (het)	Португалија (ж)	Portugálija
Roemenië (het)	Румунија (ж)	Rúmunija
Rusland (het)	Русија (ж)	Rúsija
Saoedi-Arabië (het)	Саудијска Арабија (ж)	Sáudijska Árabija
Schotland (het)	Шкотска (ж)	Škótska
Senegal (het)	Сенегал (м)	Sénegal
Servië (het)	Србија (ж)	Sŕbija
Slovenië (het)	Словенија (ж)	Slóvenija
Slowakije (het)	Словачка (ж)	Slóvačka
Spanje (het)	Шпанија (ж)	Špánija
Suriname (het)	Суринам (м)	Surínam
Syrië (het)	Сирија (ж)	Sírija
Tadzjikistan (het)	Таџикистан (м)	Tadžikístan
Taiwan (het)	Тајван (м)	Tájvan
Tanzania (het)	Танзанија (ж)	Tánzanija
Tasmanië (het)	Тасманија (ж)	Tásmanija
Thailand (het)	Тајланд (м)	Tájland
Tsjechië (het)	Чешка република (ж)	Čéška repúblika
Tunesië (het)	Тунис (м)	Túnis
Turkije (het)	Турска (ж)	Túrska
Turkmenistan (het)	Туркменистан (м)	Turkménistan
Uruguay (het)	Уругвај (м)	Urugvaj
Vaticaanstad (de)	Ватикан (м)	Vátikan
Venezuela (het)	Венецуела (ж)	Venecuéla
Verenigde Arabische Emiraten	Уједињени Арапски Емирати	Ujedínjeni Árapski Emiráti
Verenigde Staten van Amerika	Сједињене Америчке Државе	Sjédinjene Américke Dŕžave
Vietnam (het)	Вијетнам (м)	Víjetnam
Wit-Rusland (het)	Белорусија (ж)	Belorúsija
Zanzibar (het)	Занзибар (м)	Zanzibar
Zuid-Afrika (het)	Јужноафричка република (ж)	Južnoáfrička repúblika
Zuid-Korea (het)	Јужна Кореја (ж)	Júžna Koréja
Zweden (het)	Шведска (ж)	Švédska
Zwitserland (het)	Швајцарска (ж)	Švájcarska